BRITISH LOCOMOTIVES AND MULTIPLE UNITS

"The SPOTTER'S COMPANION"

1990

13th Edition

Compiled by

The NATIONAL RAILWAY ENTHUSIASTS ASSOCIATION

Haynes

Oxford Publishing Co.

A FOULIS-OPC Railway Book

© 1990 NREA & Haynes Publishing Group

All rights reserved. No part of this book may be reproduced or transmitted in any form or by any means, electronic or mechanical, including photocopying, recording or by any information storage or retrieval system, without written permission from the copyright owner.

British Library Cataloguing in Publication Data
British Rail spotter's companion.–13th ed.
 1. Great Britain. Railway services:
British Rail. Locomotives & multiple units –
Lists
 I. National Railway Enthusiasts Association

ISBN 0-86093-476-4

Library of Congress catalog card number
90-80221

Published by:
Haynes Publishing Group
Sparkford, Near Yeovil, Somerset. BA22 7JJ

Haynes Publications Inc.
861 Lawrence Drive, Newbury Park, California 91320, USA.

Printed by J. H. Haynes & Co. Ltd.

Front Cover: British Rail's latest diesel locomotive type, Co-Co Class 60, represented by No. 60002 *Capability Brown* at the Railway Technical Centre, Derby on 9th October 1989.
(Colin J. Marsden)

Back Cover: Class 504 – the 1,200V dc third rail electric multiple units of the Manchester-Bury line, destined for early replacement by an LRT system. Car Nos M77170 and M65449 arriving at Manchester Victoria as the 12.15 from Bury on 3rd May 1989. (Hugh Ballantyne)

BRITISH RAIL DIESEL LOCOMOTIVES

CLASS 03   BRITISH RAIL SHUNTER   0-6-0

Built: 1958-62
Weight: 31 tonnes
Transmission: Mechanical
Wheel Diameter: 3′ 7″
Maximum Speed: 28 mph
Engine: Gardner 204 hp
Route Availability: 1
Maximum Tractive Effort: 15,300 lb

03079	RY	03179	RY

CLASS 08   BRITISH RAIL SHUNTER   0-6-0

Built: 1953-62
Weight: 50 tonnes
Transmission: Two English Electric Traction Motors
Route Availability: 5
Maximum Tractive Effort: 35,000 lb
Maximum Speed: 15/20 mph
Engine: English Electric 400 hp

Wheel Diameter: 4′ 6″

08011	BY	08449	IM	08521	GD	08576	LA
08308	TI	08451	WN	08523	OC	08577	GD
08309	HO	08454	OC	08525	YK	08578	GD
08375	CF	08460	SF	08526	CA	08580	CA
08388	IM	08466	BS	08527	SF	08581	ML
08389	NL	08472	CD	08528	CA	08582	TE
08390	LE	08479	CF	08529	CA	08583	YK
08393	SF	08480	OC	08530	SF	08584	LA
08397	IM	08481	CF	08531	SF	08585	CD
08399	DY	08482	AN	08532	AN	08586	AY
08401	IM	08483	BR	08533	SF	08587	GD
08402	AN	08484	ZN	08534	CL	08588	TE
08405	IM	08485	AN	08535	BS	08589	CF
08407	SF	08489	GD	08536	DY	08590	NL
08410	BR	08492	TI	08537	IM	08591	AY
08411	TE	08493	CF	08538	CA	08593	SF
08413	SF	08495	CA	08539	CA	08594	CA
08414	SF	08496	CA	08540	CA	08595	DR
08415	AN	08498	SF	08541	SF	08597	TO
08416	TO	08499	YK	08542	SF	08599	CD
08417	SR	08500	YK	08543	IM	08600	AF
08418	DR	08506	TE	08544	GD	08601	BS
08419	CL	08507	GD	08556	WN	08603	BS
08421	BL	08508	TI	08561	AY	08604	BS
08428	DY	08509	TI	08562 •	DR	08605	YK
08434	TI	08510	DR	08565	ML	08607	DR
08436	TI	08511	TO	08567	YK	08609	WN
08440	SF	08512	BL	08568	ML	08610	BS
08441	BL	08514	DR	08569	AN	08611	LO
08442	BL	08515	GD	08570	HA	08612	OC
08445	IM	08516	HO	08571	HA	08613	CD
08447	CL	08517	BS	08573	OC	08614	WN
08448	DY	08519	TE	08575	TE	08615	AN

3

08616	BS	08683	WN	08745	NL	08806	HO
08617	WN	08685	NC	08746	BS	08807	BY
08618	GD	08686	AN	08747	GD	08808	CL
08619	LO	08688	AN	08748	SF	08809	AN
08620	HA	08689	SF	08749	TI	08810	NC
08622	ML	08690	CL	08750	SF	08811	OC
08623	TO	08691	TI	08751	IM	08813	DR
08624	LO	08692	BS	08752	SF	08814	DY
08625	WN	08693	AY	08753	IS	08815	AN
08627	SF	08694	AN	08754	IS	08817	TE
08628	BY	08695	CD	08755	HA	08818	CF
08629	ZN	08696	WN	08756	LE	08819	BR
08630	GM	08697	DY	08757	CA	08820	LO
08631 •	CA	08698	SF	08758	SF	08821	OC
08632	IM	08699	CD	08759	BS	08822	CF
08633	CD	08700	BS	08760	EH	08823	CD
08634	OC	08701	GD	08761	HA	08824	DR
08635	CD	08702	CD	08762	PH	08825	OC
08637	CF	08703	AN	08765	BS	08826	CL
08638	CA	08704	BY	08766	NL	08827	AN
08641	LA	08705	CA	08767	SF	08828	SF
08642	ZG	08706	HO	08768	CL	08829	TO
08643	BR	08707	HO	08770	TE	08830	EH
08644	LA	08708	SF	08771	GD	08831	EH
08645	LA	08709	SF	08772 •	SF	08832	BS
08646	LE	08710	HA	08773	HO	08833	SF
08647 •	ZF	08711	CA	08775	SF	08834	SF
08648	WN	08712	PH	08776	HO	08835	CF
08649	CF	08713	CA	08777	YK	08836	CF
08651	OC	08714	CA	08778	GL	08837	RG
08652	CF	08715	SF	08780	LE	08838	DY
08653	OC	08717	IS	08781	GL	08839	LA
08654	CF	08718	HA	08782	HO	08840	LA
08655	SF	08719	YK	08783	HO	08841	BS
08656	BY	08720	HA	08784	CD	08842	DY
08657	YK	08721	LO	08786	TE	08843	LO
08658	NC	08723	DR	08787	CF	08844	CL
08659	HO	08724	SF	08788	DY	08845	EH
08660	CF	08725	GM	08789	BY	08847	EH
08661	NL	08727	AY	08790	LO	08848	CF
08662	YK	08729	DR	08791	HA	08849	LA
08663	LA	08730	HA	08792	LA	08850	LE
08664	CF	08731	GM	08793	HA	08851	ML
08665	IM	08732	ML	08794	NL	08853	ML
08666	LO	08733	ML	08795	GL	08854	SU
08667	NL	08734	IM	08796	AF	08855	AB
08668	CF	08735	AY	08797	GD	08856	AN
08670	OC	08737	CD	08798	LE	08857	TI
08672	BS	08738	ML	08799	GL	08858	AN
08673	LO	08739	CD	08800	BR	08859	NC
08675	AY	08740	SF	08801	LA	08865	CA
08676	LO	08741	GD	08802	GD	08866	DR
08677	WN	08742	CD	08803	RG	08867 •	TE
08680	AB	08743	IM	08804	OC	08868	NC
08682	DR	08744	SP	08805	BS	08869 •	NC

08870	TI	08892	ZG	08915	LO	08937	LA
08871	TI	08893	BS	08916	AN	08938	ML
08872	GD	08894	AN	08917	AN	08939	AN
08873	SF	08895	LE	08918	AN	08940	CF
08874	NL	08896	LE	08919	TI	08941	LA
08875	NL	08897	LE	08920	BS	08942	CF
08876	DR	08899	DY	08921	CD	08944	OC
08877	IM	08900	BR	08922	BY	08945	LA
08878	TI	08901	BS	08923	SF	08946	RG
08879	TI	08902	AN	08924	AN	08947	OC
08880	TI	08903	DR	08925	AN	08948	OC
08881	ZH	08904	OC	08926	WN	08949	BR
08882	AB	08905	OC	08927	BY	08950	CF
08883	ZH	08906	TE	08928	BS	08951	BR
08884	AN	08907	CD	08929	OC	08952	ML
08885	DR	08908	NL	08930	SF	08953	LA
08886	GD	08909	BY	08931	GD	08954	LA
08887	OC	08910	CL	08932	CF	08955	LA
08888	GD	08911	CL	08933	EH	08956	SF
08889	CA	08912	CL	08934	WN	08957	SF
08890	WN	08913	AN	08935	BR	08958	SF
08891	LO	08914	BY	08936	NC		

- 08562 The Doncaster Postman
- 08631 Eagle
- 08647 Crimpsall
- 08772 Camulodunum
- 08867 Ralph Easby
- 08869 The Canary

CLASS 08/9 FITTED WITH REDUCED CAB HEIGHT AND HEADLIGHT FOR BURRYPORT AND GWENDRAETH VALLEY LINE

08993 LE Ashburnham | 08994 LE Gwendraeth | 08995 LE Kidwelly

CLASS 09   BRITISH RAIL SHUNTER   0-6-0

Built: 1959-61
Weight: 50 tonnes
Maximum Speed: 27 mph
Engine: English Electric 350 hp
Transmission: Two English Electric Traction Motors
Route Availability: 5
Maximum Tractive Effort: 25,000 lb
Wheel Diameter: 4′ 6″

09001	CF	09008	TI	09014	SU	09021	AF
09002	AF	09009	SU	09015	CF	09022	AF
09003	SU	09010	SU	09016	SU	09023	SU
09004	SU	09011	AF	09018	AF	09024	AF
09005	SU	09012 •	SU	09019	AF	09025	EH
09006	SUM	09013	TI	09020	SU	09026 •	EH
09007	SL						

- 09012 Dick Hardy
- 09026 William Pearson

CLASS 20 ENGLISH ELECTRIC TYPE 1 Bo-Bo

Built: 1957-68
Engine: English Electric 1000 hp
Transmission: Four English Electric Traction Motors
Route Availability: 5
Maximum Tractive Effort: 42,000 lb

Maximum Speed: 60 mph
Weight: 73- 74 tonnes

Wheel Diameter: 3′ 7″

20004	TO	20064	IM	20117	TO	20170	TO
20006	TO	20065	TOs	20118 •	TE	20172	TO
20007	TO	20066	ED	20119	TE	20173	TOs
20010	TO	20069	TO	20120	TO	20175	TO
20013	TO	20070	TO	20121	TO	20176	TO
20016	TO	20071	TO	20122 •	TE	20177	TO
20019	TO	20072	TO	20124	TE	20182	TO
20020	TO	20073	TO	20127	TO	20183	TOu
20021	TO	20075	TO	20128	TO	20185	ED
20023	TO	20078	TO	20129	TO	20186	TO
20025	IM	20080	TO	20130	TO	20187	TO
20026	TO	20081	TO	20131	TO	20188	TO
20028	TO	20082	TO	20132	TO	20189	TO
20029	TO	20084	TO	20133	TO	20190	TO
20030	IM	20085	TO	20135	TO	20194	TO
20031	TO	20087	TO	20136	TO	20195	TO
20032	TO	20088	TO	20137 •	TE	20196	TO
20034	TO	20090	TO	20139	TO	20198	TO
20035	TO	20092	TO	20140	TO	20199	TO
20040	TO	20093	IM	20141	TO	20206	ED
20042	TO	20094	TO	20142	TO	20208	TOs
20043	TO	20095	TO	20143	TO	20210	TO
20045	TO	20096	IM	20144	TE	20211	TO
20046	IM	20098	IM	20145	TO	20212	TO
20047	TO	20099	TO	20148	ED	20213	ED
20048	TO	20102	TO	20151	TO	20214	TO
20051	TOu	20103	TO	20154	TO	20215	TO
20052	TO	20104	TO	20156	TE	20224	TOu
20053	TO	20105	TO	20157	TO	20227	TO
20055	TO	20106	TO	20159	TO	20228	TO
20056	TO	20107	IM	20160	TO		
20057	TO	20108	TO	20163	TO		
20058	TO	20110	TO	20165 •	TE		
20059	TO	20112	IM	20166	TO		
20061	IM	20113	TO	20168	TO		
20063	TO	20114	TO	20169	TO		

- 20118 Saltburn by the Sea
- 20122 Cleveland Potash
- 20137 Murray B. Hofmeyr
- 20165 Henry Pease

CLASS 20/9 (Used for weedkiller trains. Privately owned by Hunslet Barclay Ltd)

20901 (20041)
20902 (20060) Lorna
20903 (20083) Alison
20904 (20101)

20905 (20219) Iona
20906 (20225) Georgina
20907 (20209)

CLASS 26   BIRMINGHAM RAILWAY   Bo-Bo
CARRIAGE & WAGON Co LTD TYPE 2

Built: 1958-59
Engine: Sulzer 1160 hp
Transmission: Four Crompton-Parkinson Traction Motors
Route Availability: 5 or 6
Maximum Tractive Effort: 42,000 lb

Maximum Speed: 60 mph
Weight: 75-79 tonnes

Wheel Diamater: 3′ 7″

26/0

		26008	ED	26023	ED	26037 ED
		26010	ED	26024	ED	26038 ED
26001	ED	26011	ED	26025	ED	26039 ED
26002	ED	26014	ED	26026	ED	26040 ED
26003	ED	26015	ED	26027	ED	26041 ED
26004	ED			26028	ED	26042 ED
26005	ED	**26/1**		26032	ED	26043 ED
26006	ED			26035	ED	26046 ED
26007	ED	26021	ED	26036	ED	

CLASS 31   BRUSH TYPE 2   AIA-AIA

Built: 1957-62
Engine: English Electric 1470 hp
Transmission: Four Brush Traction Motors
Wheel Diameter: 3′ 7″ (Driven) 3′ 3½″ (Centre)
Maximum Tractive Effort: 42,800 lb

Maximum Speed: 80-90 mph
Weight: 107- 113 tonnes

Route Availability: 5 or 6

31/1

		31146	TI	31190	SF	31234	SF
		31147	TI	31191	SF	31235	BS
31101	BS	31149	SF	31196	SF	31237	BS
31102	TI	31154	SF	31198	SF	31238	IM
31105	BS	31155	SF	31199	IM	31240	SF
31106	IM	31156	IM	31200	CD	31242	CD
31107	BS	31158	TI	31201 •	IM	31243	IM
31108	TI	31159	TI	31203	IM	31247	SF
31110	TI	31160	TI	31205	IM	31248	TI
31112	BS	31162	BS	31206	CD	31250	SF
31113	TI	31163	TI	31207	IM	31252	IM
31116	SF	31164	TI	31208	IM	31255	IM
31119	BS	31165	SF	31209	SF	31257	CD
31120	CD	31166	TI	31210	IM	31260	TE
31123	TE	31168	SF	31212	IM	31263	SF
31124	TE	31170	IM	31215	TE	31264	TE
31125	TI	31171	TI	31217	CD	31268	SF
31126	TI	31174	TI	31219	SF	31270	CD
31128	SF	31178	BS	31221	IM	31271	SF
31130	CD	31180	SF	31223	IM	31272	BS
31132	TI	31181	SF	31224	SF	31273	IM
31134	SF	31184	TE	31229	TE	31275	CD
31135	SF	31185	IM	31230	IM	31276 •	CD
31142	TI	31186	SF	31231	SF	31282	IM
31144	TI	31187	SF	31232	CD	31285	IM
31145	TI	31188	IM	31233	IM	31286	TI

31288	IM	**31/4**		31421	CD	31447	IM
31289	SF	fitted Eth.		31422	BS	31448	BS
31290	BS			31423	BS	31449	CD
31292	BS	31400	CD	31424	BS	31450	CD
31293	SF	31402	BS	31425	CD	31451	BS
31294	SF	31403	BS	31426	CD	31452	IM
31296 •	SF	31404	BS	31427	CD	31453	IM
31299	IM	31405	BS	31428 •	CD	31454	BS
31301	SF	31406	BS	31429	CD	31455	BS
31302	IM	31407	BS	31430 •	BS	31456	IM
31304	IM	31408	CD	31431	CD	31457	BS
31305	TE	31409	BS	31432	CD	31458	IM
31306	SF	31410	CD	31433	BS	31459	BS
31308	SF	31411	BS	31434	BS	31460	CD
31309 •	TI	31412	CD	31435	BS	31461	BS
31312	CD	31413 •	CD	31437	BS	31462	BS
31317	BS	31414	CD	31438	CD	31463	CD
31319	IM	31415	BS	31439	CD	31464	BS
31320	TE	31416	CD	31441	IM	31465	BS
31324	CD	31417	BS	31442	CD	31466	BS
31327 •	SF	31418	CD	31444 •	IM	31467	BS
31970(31326)	BS	31419	BS	31445	BS	31468	BS
		31420	BS	31446	BS	31469	CD

- 31201 Fina Energy
- 31276 Calder Hall Power Station
- 31296 Amlwch Freighter/Tren Nwyddau Amlwch
- 31309 Cricklewood
- 31327 Phillips-Imperial
- 31413 Severn Valley Railway
- 31428 The North Yorkshire Moors Railway
- 31430 Sister Dora
- 31444 Keighley and Worth Valley Railway

CLASS 33 BIRMINGHAM RAILWAY CARRIAGE & WAGON Co LTD TYPE 3   Bo-Bo

Built: 1960-2
Engine: Sulzer 1550 hp
Transmission: Four Crompton-Parkinson Traction Motors
Route Availability: 6
Maximum Tractive Effort: 45,000 lb
Maximum Speed: 60-85 mph
Weight: 78-79 tonnes

Wheel Diameter: 3' 7"

33/0		33023	SL	33050 •	SL	**33/1**	
		33025	SL	33051 •	SL	Equipped for multiple working with EMU,TC stock and Class 73	
33002	EH	33026	EH	33052 •	SL		
33004	SL	33027	SL	33053	SL		
33006	SL	33029	SL	33055	SL		
33008 •	EH	33030	SL	33056 •	SL		
33009	SL	33033	SL	33057	SL	33101	EH
33012	SL	33040	SL	33058	SL	33102	EH
33019	SL	33042	SL	33060	SL	33103	EH
33020	SL	33046	SL	33063	SL	33106	EH
33021	SL	33047	SL	33064	SL	33108	EH
33022	SL	33048	SL	33065	EH	33109	EH

33110	EH	**33/2**		33204	SL			
33111	EH	Built to Hastings		33205	SL			
33113	EH	line loading		33206	SL			
33114 •	EH	gauge.		33207 •	SL			
33115	EH			33208	SL			
33116	EH	33201	SL	33211	SL			
33117	EH	33202	SL					
33118	EH	33203	SL					

- 33008 Eastleigh
- 33050 Isle of Grain
- 33051 Shakespeare Cliff
- 33052 Ashford
- 33056 The Burma Star
- 33114 Sultan
- 33207 Earl Mountbatten of Burma

CLASS 37 ENGLISH ELECTRIC TYPE 3 Co-Co

Built: 1960-65
Engine: Engine Electric 1,750 hp
Route Availability: 5
Transmission: Six English Electric Traction Motors
Maximum Speed: 80 mph
Weight: 102-120 tonnes
Maximum Tractive Effort: 56,000lb

37/0		37059 •	TI	37111 •	ML	37190 •	ML
		37063	TI	37113 •	IS	37191	ED
37003	TI	37065	TI	37114 •	IS	37194	TI
37004	TE	37066	TI	37116	TI	37196	ED
37008	TI	37068 •	TI	37128	IS	37197	CF
37009	TI	37069 •	TE	37131	CF	37198	TI
37010	ML	37070	TE	37133	CF	37201	ML
37012	TI	37071	IM	37135	SF	37202	TE
37013	TI	37072	TI	37137 •	ML	37203	TE
37015	TI	37073	TI	37138	IM	37207	CF
37019	TI	37074	TI	37139	CF	37209	TI
37023	TE	37075	TE	37140	SF	37211	SF
37025	ED	37077	TI	37141	CF	37212	CF
37026 •	ML	37078	CF	37142	CF	37213	CF
37029	TI	37080	ED	37144	SF	37214	CF
37031	TI	37083	TE	37145	ML	37215	CF
37032	TI	37087	TI	37146	CF	37216	SF
37035	ED	37088 •	ML	37152 •	ML	37217	CF
37037 •	ML	37092	ML	37153	ED	37218	SF
37038	CF	37095	TI	37154	IS	37219	SF
37040	ML	37096	TIu	37156 •	ML	37220	CF
37042	TE	37097	ML	37158	CF	37221	CF
37046	TE	37098	TE	37162	CF	37222	CF
37047	TI	37099	ML	37165	ED	37223	CF
37048	TE	37100	TE	37167	CF	37225	IM
37049 •	ML	37101	TI	37170	ED	37227	TE
37051	ML	37104	IM	37174	CF	37229	ED
37053	TI	37106	IM	37175	ED	37230	CF
37054	TE	37107	TI	37178	IM	37232	IM
37055	TI	37108 •	ML	37184	IM	37235 •	CF
37057	TI	37109	TE	37185	TI	37238	IM
37058	TE	37110	TE	37188	ED	37239	CF

9

37240	TE	**37/4**		37514	TE	37708	ED
37241	TE	fitted Eth.modified		37515	TE	37709	SF
37242	TI	at Crewe.		37516	TE	37710	CF
37244	CF			37517	TE	37711 •	CF
37245	ED	37401 •	ED	37518	TE	37712 •	CF
37248	CF	37402 •	ED	37519	TE	37713	CF
37250	TE	37403 •	ED	37520	TE	37714	CF
37251	TI	37404 •	ED	37521	TE	37715	CF
37252	TI	37405 •	ED	37667 •	TE	37716	CF
37254	CF	37406 •	ED	37668 •	TE	37717	CF
37255	TE	37407 •	IM	37669	LA	37718	CF
37258	TE	37408 •	IM	37670	LA	37719	CF
37261 •	IS	37409 •	ED	37671 •	LA	37796	CF
37262 •	IS	37410 •	ED	37672 •	LA	37797	CF
37263	CF	37411 •	TI	37673	LA	37798	CF
37264	CF	37412	AN	37674 •	LA	37799 •	CF
37271	TI	37413 •	ED	37675	LA	37800 •	CF
37272	TI	37414	LA	37676	TI	37801 •	CF
37273	CF	37415	IS	37677	TI	37802	CF
37274	CF	37416	IS	37678	TI	37803	CF
37275	IM	37417 •	IS	37679	TI	37883	CF
37278	CF	37418 •	IS	37680	TI	37884	CF
37280	CF	37419 •	IS	37681	TI	37885	CF
37285	TI	37420 •	IS	37682	TI	37886	CF
37293	CF	37421 •	IS	37683	TI	37887	CF
37294	CF	37422	TI	37684	TI	37888 •	SF
37298	TI	37423 •	ED	37685	TI	37889	CF
		37424 •	ED	37686	TI	37890	SF
		37425 •	TI	37687	TI	37891	SF
		37426 •	IM	37688 •	TI	37892 •	SF
		37427 •	CF	37689	CF	37893	SF
		37428 •	CF	37690	CF	37894	CF
		37429 •	CF	37691	CF	37895	CF
37/3		37430 •	IM	37692	CF	37896	CF
Unrefurbished		37431 •	CF	37693	CF	37897	CF
with regeared				37694	ED	37898	CF
bogies		**37/5**		37695	CF	37899	CF
37350	CF	Refurbished with		37696	CF		
37351	IM	alternator replac-		37697	CF	**37/9** Refurbish-	
37354	SF	ing the main		37698 •	CF	ed with manufac-	
37355	TI	generator.		37699	CF	turers prototype	
37357	TI					power units.	
37358 •	TI	37501 •	TE	**37/7**			
37359	ED	37502 •	TE	Refurbished with		37901 •	CF
37370	ML	37503 •	TE	alternator replac-		37902	CF
37371	CF	37504 •	TE	ing the main		37903	CF
37372	CF	37505 •	TE	generator.		37904	CF
37373	ML	37506 •	TE			37905 •	CF
37375	ED	37507 •	TE	37701	CF	37906	CF
37376	ED	37508 •	TE	37702 •	CF		
37377	IM	37509 •	TE	37703	CF		
37378	TI	37510 •	TE	37704	CF		
37379	ML	37511 •	TE	37705	SF		
37380	ED	37512 •	TE	37706	SF		
37381	IM	37513	TE	37707	ED		

- 37026 Shap Fell
- 37037 Gartosh
- 37049 Imperial
- 37059 Port of Tilbury
- 37068 Grainflow
- 37069 Thornaby T.M.D.
- 37088 Clydesdale
- 37108 Lanarkshire Steel
- 37111 Glengarnock
- 37113 Radio Highland
- 37114 Dunrobin Castle
- 37137 Clyde Iron
- 37152 British Steel Ravenscraig
- 37156 British Steel Hunterston
- 37190 Dalzell
- 37235 The Coal Merchants' Association of Scotland
- 37261 Caithness
- 37262 Dounreay
- 37358 P&O Containers
- 37401 Mary Queen of Scots
- 37402 Oor Wullie
- 37403 Glendarroch
- 37404 Ben Cruachan
- 37405 Strathclyde Region
- 37406 The Saltire Society
- 37407 Loch Long
- 37408 Loch Rannoch
- 37409 Loch Awe
- 37410 Aluminium 100
- 37411 The Institution of Railway Signal Engineers
- 37413 Loch Eil Outward Bound
- 37417 Highland Region
- 37418 An Comunn Gaidhealach
- 37420 The Scottish Hosteller
- 37423 Sir Murray Morrison 1874-1948 Pioneer of the British Aluminium Industry
- 37424 Isle of Mull
- 37425 Sir Robert McAlpine/Concrete Bob
- 37426 Y Lein Fach/Vale of Rheidol
- 37427 Bont Y Bermo
- 37428 David Lloyd George
- 37429 Eisteddfod Genedlaethol
- 37430 Cwmbran
- 37431 Sir Powys/County of Powys
- 37501 Teesside Steelmaster
- 37502 British Steel Teesside
- 37503 British Steel Shelton
- 37504 British Steel Corby
- 37505 British Steel Workington
- 37506 British Steel Skinningrove
- 37507 Hartlepool Pipe Mill

- 37511 Stockton Haulage
- 37512 Thornaby Demon
- 37667 Wensleydale
- 37668 Leyburn
- 37671 Tre Pol and Pen
- 37672 Freight Transport Association
- 37674 William Cookworthy
- 37688 Great Rocks
- 37698 Coedbach
- 37702 Taff Merthyr
- 37711 Tremorfa Steelworks
- 37712 The Cardiff Rod Mill
- 37799 Sir Dyfed/County of Dyfed
- 37800 Glo Cymru
- 37801 Aberthaw/Aberddawan
- 37888 Petrolea
- 37892 Ripple Lane
- 37901 Mirrlees Pioneer
- 37905 Vulcan Enterprise

Class 43 — HST Power Cars — Bo-Bo

Built: 1974-1982
Weight: 70 tonnes
Transmission: Four Brush Traction Motors
Four GEC Traction Motors (43167-43170)
Wheel Diameter: 3' 4"
Maximum Tractive Effort: 17,980lb

Maximum Speed: 125 mph
Engine: Paxman Valenta
Mirrlees Blackstone
(43124-43152)
Route Availability: 6

*Modified to work with class 91

		43043	NL	43087	EC	43131	PM
		43044	NL	43088	EC	43132 •	PM
		43045 •	NL	43089	EC	43133	PM
43002	OO	43046	NL	43090	EC	43134	PM
43003	LA	43047	NL	43091	EC	43135	PM
43004	LA	43048	NL	43092	EC	43136	PM
43005 *	LA	43049 •	NL	43093 •	EC	43137	PM
43006	LA	43050	NL	43094	EC	43138 *	PM
43007	LA	43051	NL	43095 * •	HT	43139	OO
43008	LA	43052 •	NL	43096	HT	43140	OO
43009	LA	43053 •	NL	43097 *	HT	43141	OO
43010	LA	43054	NL	43098	HT	43142	OO
43011	LA	43055	NL	43099	HT	43143	OO
43012	LA	43056 •	BN	43100	EC	43144	OO
43013 *	BN	43057	BN	43101	EC	43145	OO
43014 *	BN	43058	NL	43102	HT	43146	OO
43015	LA	43059	NL	43103 •	HT	43147 •	OO
43016	LA	43060 •	NL	43104 •	HT	43148	OO
43017	PM	43061 •	NL	43105	HT	43149 •	PM
43018	PM	43062	BN	43106 * •	BN	43150 •	PM
43019	LA	43063	BN	43107 *	BN	43151	PM
43020	LA	43064	NL	43108	NL	43152	NL
43021	LA	43065 *	BN	43109 •	NL	43153	NL
43022	LA	43066	NL	43110	NL	43154	NL
43023	LA	43067 *	BN	43111	NL	43155 •	NL
43024	LA	43068 *	BN	43112	NL	43156	NL
43025	LA	43069	EC	43113	HT	43157 •	NL
43026 •	LA	43070	EC	43114 •	NL	43158	NL
43027 •	LA	43071	EC	43115 •	EC	43159	NL
43028	LA	43072	NL	43116	NL	43160	LA
43029	LA	43073	NL	43117	NL	43161	LA
43030	PM	43074	BN	43118 •	NL	43162 •	NL
43031	PM	43075	BN	43119	NL	43163	LA
43032	PM	43076	NL	43120	NL	43164	LA
43033	PM	43077	NL	43121	NL	43165	LA
43034	PM	43078 •	EC	43122	NL	43166	LA
43035	PM	43079	EC	43123 *	BN	43167	PM
43036	PM	43080 *	BN	43124	PM	43168	PM
43037	PM	43081	BN	43125	PM	43169 •	PM
43038	NL	43082	BN	43126	PM	43170	PM
43039	NL	43083	BN	43127	PM	43171	PM
43040	EC	43084 * •	BN	43128	PM	43172	PM
43041	EC	43085 *	BN	43129	PM	43173	PM
43042	EC	43086	EC	43130	PM	43174	PM

43175	PM	43182	LA	43188	LA	43194	NL
43176	PM	43183	LA	43189	LA	43195	NL
43177	LA	43184	LA	43190	LA	43196	NL
43178	LA	43185	LA	43191 •	LA	43197	NL
43179	LA	43186 •	LA	43192 •	LA	43198	NL
43180	OO	43187	LA	43193 •	NL		
43181	LA						

- 43026 City of Westminster
- 43027 Westminster Abbey
- 43045 The Grammar School Doncaster AD1350
- 43049 Neville Hill
- 43052 City of Peterborough
- 43053 County of Humberside
- 43056 University of Bradford
- 43060 County of Leicestershire
- 43061 City of Lincoln
- 43078 Shildon, County Durham
- 43084 County of Derbyshire
- 43085 City of Bradford
- 43093 York Festival '88
- 43095 Heaton
- 43097 The Light Infantry
- 43103 John Wesley
- 43104 County of Cleveland
- 43106 Songs of Praise
- 43109 Yorkshire Evening Press
- 43114 National Garden Festival Gateshead 1990
- 43115 Yorkshire Cricket Academy
- 43118 Charles Wesley
- 43132 Worshipful Company of Carmen
- 43147 Red Cross
- 43149 BBC Wales Today
- 43155 BBC Look North
- 43157 Yorkshire Evening Post
- 43162 Borough of Stevenage
- 43169 The National Trust
- 43186 Sir Francis Drake
- 43191 Seahawk
- 43192 City of Truro
- 43193 Yorkshire Post

CLASS 47 B.R RAIL & BRUSH TYPE 4 Co-Co

Built: 1963-67
Engine: Sulzer 2580 hp
Wheel Diameter: 3' 9"
Transmission: Six Brush Traction Motors

Maximum Speed: 75-95 mph
Weight: 117-125 tonnes
Maximum Tractive Effort: 60,000 lb
Route Availability: 6

47/0		47019	CD	47097	TI	47120	TI
built with boiler		47033	CF	47098	TI	47121	TI
		47049	TI	47099	TI	47123	TI
47002	TI	47050	CD	47100	TI	47125 •	CD
47003	TI	47051	CD	47102	TI	47142 •	TI
47004	ED	47052	TI	47105	TI	47144	TI
47005	TI	47053	CD	47107	TI	47145	TI
47006	ED	47054	SF	47108	TI	47146	TI
47007 •	SF	47060 •	TI	47112	TI	47147	TI
47009	TI	47063	CF	47114	ED	47150	TI
47010	IM	47079	CF	47115	IM	47152	TI
47014	TI	47085 •	CD	47116	TI	47156	TI
47016 •	TI	47094	CF	47117	TI	47157	TI
47017	Tlu	47095	TI	47118	TI		
47018	TI	47096	TI	47119	IM		

47186	CD	47285	TI	47337 •	TI	47421	CD
47187	CD	47286	TI	47338	TI	47422	CD
47188	TI	47287	TI	47339	CD	47423	CD
47190 •	CD	47288	TI	47340	CD	47424 •	CD
47193 •	CD	47289	TI	47341	OC	47425 •	CD
47194 •	CD	47290	TI	47343	CD	47426	CD
47195 •	CD	47291 •	CD	47344	IM	47427	CD
47196 •	CD	47292	TI	47345	CD	47430	SF
47197	CF	47293	TI	47346	SF	47431	CD
47200	TI	47294	IM	47347	CD	47432	CD
47201	TI	47295	IM	47348 •	IM	47433	CD
47204	TI	47296	TI	47349	CD	47434 •	CD
47205	TI	47297	TI	47350 •	CD	47435	CD
47206	TI	47299	IM	47351	CD	47436	CD
47207 •	TI			47352	IM	47438	CD
47209	TI	**47/3**		47353	CD	47439	SF
47210	ED	built without train		47354	CD	47440	CD
47211	TI	heat		47355	CD	47441	CD
47212	IM			47356	CD	47442	CD
47213	TI	47301	TE	47357	CD	47443 •	CD
47214 •	TI	47302	TE	47358	CD	47444 •	CD
47215	TIs	47303	TE	47359	TI	47445	CD
47217	TI	47304	TE	47360	TI	47446	CD
47218	TI	47305	TE	47361 •	TE	47447	CD
47219	TI	47306	TI	47362	TE	47448 •	CD
47220	TI	47307	TI	47363 •	TE	47449	CD
47221	IM	47308	TI	47364	OC	47450	CD
47222 •	IM	47309	TI	47365 •	CD	47451	CD
47223	IM	47310	TI	47366 •	SF	47452 •	CD
47224	IM	47311 •	TI	47367	SF	47453	CD
47225	TI	47312	TI	47368 •	CD	47454	CD
47226	TI	47313	TI	47369	CF	47455	CD
47227	CD	47314	TI	47370	TI	47456	CD
47228	CD	47315	OC	47371	TI	47457 •	CD
47229	CD	47316	TI	47372	CD	47458	CD
47231 •	TI	47317 •	TI	47373	IM	47459	CD
47233 •	CD	47318	CF	47374	IM	47460	IS
47234	TI	47319 •	IM	47375	TI	47461 •	IS
47236	TI	47320	CD	47376	TI	47462	CD
47237	TI	47321	TI	47377	TI	47463	CD
47238 •	TI	47322	CD	47378	TI	47465	CD
47241	TI	47323	CD	47379 •	IM	47466	BR
47245	TI	47324 •	CD	47380 •	IM	47467	ED
47249	TI	47325	SF	47381	CF	47468	BR
47256	TI	47326	CF			47470 •	ED
47258	TI	47327	CF	**47/4**		47471 •	CD
47270	TI	47328	SF	electric train heat		47472	OC
47276	IM	47329	CD			47473	CD
47277	CF	47330	CD	47401	IM	47474	CD
47278 •	CD	47331	IM	47402	IM	47475	CD
47279	TI	47332	IM	47406	IM	47476	BR
47280 •	TI	47333	OC	47407	IM	47477	CD
47281	TI	47334	OC	47413	IM	47478	CD
47283 •	TI	47335	CD	47417	IM	47479	CD
47284	TI	47336	IM	47418	IM	47481	CD

14

47482	BR	47566	BR	47644 •	ED	47827 (47589)	BR
47483	CD	47567 •	CD	47645 •	CDu	47828 (47629)	BR
47484 •	OC	47568	BR	47646	CD	47829 (47619)	BR
47485	CD	47569	BR	47648	CD	47830 (47649)	BR
47488 •	CD	47570	CD			47831 (47563)	•CD
47489	BR	47572 •	BR	**47/7**		47832 (47560)	•BR
47490 •	BR	47573 •	OC	push-pull fitted.		47833 (47608)	BR
47491	CD	47574 •	BR			47834 (47609)	•BR
47492	IS	47575 •	BR	47701 •	ED	47835 (47620)	•BR
47500 •	CD	47576 •	SF	47702 •	ED	47836 (47618)	CD
47501	BR	47578 •	ED	47703 •	ED	47837 (47611)	CD
47503	CD	47579 •	SF	47704 •	ED	47838 (47612)	CD
47508	CD	47580 •	BR	47705	OC	47839 (47621)	CD
47509 •	ED	47581 •	SF	47706	ED	47840 (47613)	CD
47512	CD	47582 •	OC	47707 •	ED	47841 (47622)	CD
47513 •	BR	47583 •	OC	47708 •	ED	47842 (47638)	CD
47515 •	BR	47584 •	BR	47709 •	ED	47843 (47647)	CD
47517 •	CD	47585 •	BR	47710 •	ED	47844 ( )	
47518	ED	47586 •	CD	47711 •	ED	47845 ( )	
47519	CD	47587	OC	47712 •	ED	47846 ( )	
47520	CD	47588 •	CD	47714	OC	47847 (47577)	CD
47521	OC	47592 •	BR	47715 •	ED	47848 (47632)	CD
47522 •	CD	47593 •	ED	47716 •	ED		
47523	CD	47594	CD	47717 •	ED	**47/4**	
47524	BR	47595 •	ED			Electic train heat	
47525	CD	47596 •	SF	**47/4**			
47526 •	CD	47597	CD	extended range		47971 •	CD
47527 •	CD	47598	OC	fuel tanks		47972	CD
47528 •	BR	47599	CD			47973 •	CD
47530	OC	47600 •	CD	47801 (47551)	BR		
47531	ED	47603 •	CD	47802 (47552)	BR		
47532	CD	47604 •	ED	47803 (47553)	•CD		
47533	OC	47605	CD	47804 (47591)	BR		
47534	OC	47606 •	CD	47805 (47650)	BR		
47535 •	OC	47614	CD	47806 (47651)	BR		
47536	BR	47615 •	CD	47807 (47652)	BR		
47537 •	BR	47616 •	BR	47808 (47653)	•BR		
47538	BR	47617 •	ED	47809 (47654)	•BR		
47539 •	BR	47623	CD	47810 (47655)	BR		
47540	BR	47624 •	BR	47811 (47656)	BR		
47541 •	IS	47625	BR	47812 (47657)	BR		
47543	OC	47626 •	BR	47813 (47658)	BR		
47544	CDu	47627 •	BR	47814 (47659)	BR		
47546 •	ED	47628 •	BR	47815 (47660)	BR		
47547	OC	47630	IS	47816 (47661)	BR		
47549 •	BR	47631	BR	47817 (47662)	BR		
47550 •	ED	47633	ED	47818 (47663)	BR		
47555 •	CD	47634 •	BR	47819 (47664)	BR		
47556	CD	47635 •	IS	47820 (47665)	BR		
47557	BR	47636 •	ED	47821 (47607)	•BR		
47558	BR	47639	CD	47822 (47571)	BR		
47559 •	CD	47640 •	IS	47823 (47610)	BR		
47562 •	ED	47641 •	ED	47824 (47602)	•BR		
47564 •	BR	47642 •	IS	47825 (47590)	•BR		
47565	BR	47643	ED	47826 (47637)	BR		

- 47007 Stratford
- 47016 The Toleman Group
- 47060 Halewood Silver Jubilee 1988
- 47085 Conidae
- 47125 Tonnidae
- 47142 The Sapper
- 47190 Pectinidae
- 47193 Lucinidae
- 47194 Bullidae
- 47195 Muricidae
- 47196 Haliotidae
- 47207 Bulmers of Hereford
- 47214 Tinsley Traction Depot
- 47222 Appleby-Frodingham
- 47231 The Silcock Express
- 47233 Strombidae
- 47238 Bescot Yard
- 47278 Vasidae
- 47280 Pedigree
- 47283 Johnnie Walker
- 47291 The Port of Felixstowe
- 47311 Warrington Yard
- 47317 Willesden Yard
- 47319 Norsk Hydro
- 47324 Glossidae
- 47337 Herbert Austin
- 47348 St. Christopher's Railway Home
- 47350 British Petroleum
- 47361 Wilton Endeavour
- 47363 Billingham Enterprise
- 47365 ICI Diamond Jubilee
- 47366 The Institution of Civil Engineers
- 47368 Neritidae
- 47379 Total Energy
- 47380 Immingham
- 47424 The Brontës of Haworth
- 47425 Holbeck
- 47434 Pride in Huddersfield
- 47443 North Eastern
- 47444 University of Nottingham
- 47448 Gateshead
- 47452 Aycliffe
- 47457 Ben Line
- 47461 Charles Rennie Mackintosh
- 47470 University of Edinburgh
- 47471 Norman Tunna G.C.
- 47484 Isambard Kingdom Brunel
- 47488 Rail Riders
- 47490 Bristol Bath Road
- 47491 Horwich Enterprise
- 47492 The Enterprising Scot
- 47500 Great Western
- 47501 Craftsman
- 47503 The Geordie
- 47508 S.S. Great Britain
- 47509 Albion
- 47513 Severn
- 47515 Night Mail
- 47517 Andrew Carnegie
- 47522 Doncaster Enterprise
- 47526 Northumbria
- 47527 Kettering
- 47528 The Queen's Own Mercian Yeomanry
- 47535 University of Leicester
- 47537 Sir Gwynedd/County of Gwynedd
- 47539 Rochdale Pioneers
- 47541 The Queen Mother
- 47546 Aviemore Centre
- 47549 Royal Mail
- 47550 University of Dundee
- 47555 The Commonwealth Spirit
- 47558 Mayflower
- 47559 Sir Joshua Reynolds
- 47562 Sir William Burrell
- 47564 Colossus
- 47567 Red Star
- 47572 Ely Cathedral
- 47573 The London Standard
- 47574 Benjamin Gimbert G.C.
- 47575 City of Hereford
- 47576 King's Lynn
- 47578 The Royal Society of Edinburgh
- 47579 James Nightall G.C.
- 47580 County of Essex
- 47581 Great Eastern
- 47582 County of Norfolk
- 47583 County of Hertfordshire
- 47584 County of Suffolk
- 47585 County of Cambridgeshire
- 47586 Northamptonshire
- 47588 Carlisle Currock
- 47592 County of Avon
- 47593 Galloway Princess
- 47595 Confederation of British Industry
- 47596 Aldeburgh Festival
- 47600 Dewi Sant/Saint David
- 47603 County of Somerset
- 47604 Women's Royal Voluntary Service
- 47606 Odin
- 47615 Castell Caerffili/Caerphilly Castle

- 47616 Y Ddraig Goch/The Red Dragon
- 47617 University of Stirling
- 47624 Cyclops
- 47626 Atlas
- 47627 City of Oxford
- 47628 Sir Daniel Gooch
- 47634 Henry Ford
- 47635 Jimmy Milne
- 47636 Sir John De Graeme
- 47640 University of Strathclyde
- 47641 Fife Region
- 47642 Strathisla
- 47644 The Permanent Way Institution
- 47645 Robert F. Fairlie Locomotive Engineer 1831-1885
- 47701 Saint Andrew
- 47702 Saint Cuthbert
- 47703 Saint Mungo
- 47704 Dunedin
- 47707 Holyrood
- 47708 Waverley
- 47709 The Lord Provost
- 47710 Sir Walter Scott
- 47711 Greyfriars Bobby
- 47712 Lady Diana Spencer
- 47715 Haymarket
- 47716 Duke of Edinburgh's Award
- 47717 Tayside Region
- 47803 Woman's Guild
- 47808 Samson
- 47809 Finsbury Park
- 47821 Royal Worcester
- 47824 Glorious Devon
- 47825 Thomas Telford
- 47831 Bolton Wanderer
- 47832 Tamar
- 47834 Fire Fly
- 47835 Windsor Castle
- 47846 Thor
- 47971 Robin Hood
- 47973 Midland Counties Railway 150 1839-1989

CLASS 47/9   BRUSH TYPE 5   Co-Co

Modified at Crewe 1975/6 to 47/6 and again 1979/80 with Ruston-Paxman engine.

47901   BR

CLASS 50 ENGLISH ELECTRIC TYPE 4 Co-Co

Built: 1967-68
Engine: English Electric 2700 hp
Route Availability: 6
Maximum Tractive Effort: 48,500 lb
Transmission: Six English Electric Traction Motors
Maximum Speed: 100 mph
Weight: 117 tonnes
Wheel Diameter: 3'7"

50001 •	LA	50008 •	LA	50019 •	LA	50027 •	LA
50002 •	LA	50009 •	LA	50020 •	LA	50028 •	LA
50003 •	LA	50015 •	LA	50021 •	LA	50029 •	LA
50004 •	LA	50016 •	LA	50023 •	OC	50030 •	LA
50005 •	LA	50017 •	LA	50024 •	OC	50031 •	OC
50007 •	LA	50018 •	LA	50026 •	OC	50032 •	OC

50033 •	OC	50037 •	LA	50043 •	LA	50048 •	LA
50034 •	OC	50040 •	LAu	50044 •	LA	50049 •	LA
50035 •	OC	50041 •	LA	50045 •	LA	50050 •	LA
50036 •	OC	50042 •	LA	50046 •	LA		

- 50001 Dreadnought
- 50002 Superb
- 50003 Temeraire
- 50004 St. Vincent
- 50005 Collingwood
- 50007 Sir Edward Elgar
- 50008 Thunderer
- 50009 Conqueror
- 50015 Valiant
- 50016 Barham
- 50017 Royal Oak
- 50018 Resolution
- 50019 Ramillies
- 50020 Revenge
- 50021 Rodney
- 50023 Howe
- 50024 Vanguard
- 50026 Indomitable
- 50027 Lion
- 50028 Tiger
- 50029 Renown
- 50030 Repulse
- 50031 Hood
- 50032 Courageous

- 50033 Glorious
- 50034 Furious
- 50035 Ark Royal
- 50036 Victorious
- 50037 Illustrious
- 50040 Centurion
- 50041 Bulwark
- 50042 Triumph
- 50043 Eagle
- 50044 Exeter
- 50045 Achilles
- 50046 Ajax
- 50048 Dauntless
- 50049 Defiance
- 50050 Fearless

CLASS 56 B.R RAIL & BRUSH TYPE 5 Co-Co

Built: 1976-84
Engine: Ruston-Paxman 3250 hp
Route Availability: 7
Maximum Tractive Effort: 61,800 lb
Transmission: Six Brush Traction Motors
Maximum Speed: 80 mph
Weight: 125 tonnes
Wheel Diameter: 3'9"

56001-30 built by Electroputere at Craiova, Roumania sub contracting for Brush

56001 •	CF	56014	TO	56027	TO	56040 •	CF
56002	TO	56015	TO	56028 •	TO	56041	CF
56003	TO	56016	TO	56029	TO	56042	TO
56004	TO	56017	TO	56030 •	TO	56043	CF
56005	TO	56018	TO	56031 •	CF	56044	CF
56006	TO	56019	TO	56032 •	CF	56045	CF
56007	TO	56020	TO	56033	CF	56046	CF
56008	TO	56021	TO	56034 •	CF	56047	TO
56009	TO	56022	TO	56035	CF	56048	CF
56010	TO	56023	TO	56036	CF	56049	CF
56011	TO	56024	TO	56037 •	CF	56050	CF
56012 •	TO	56025	TO	56038 •	CF	56051	CF
56013	TO	56026	TO	56039	CF	56052	CF

56053 •	CF	56074 •	TO	56095 •	TO	56116	TO
56054	TO	56075 •	TO	56096	TO	56117	TO
56055	CF	56076	TO	56097	TO	56118	TO
56056	CF	56077	TO	56098	TO	56119	TO
56057	CF	56078	TO	56099 •	TO	56120	TO
56058	TO	56079	TO	56100	TO	56121	TO
56059	TO	56080 •	TO	56101	TO	56122 •	TO
56060	TO	56081	TO	56102	TO	56123 •	TO
56061	TO	56082	TO	56103	TO	56124	TO
56062 •	TO	56083	TO	56104	TO	56125	TO
56063 •	TO	56084	TO	56105	TO	56126	TO
56064	TO	56085	TO	56106	TO	56127	TO
56065	TO	56086	TO	56107	TO	56128	TO
56066	TO	56087	TO	56108	TO	56129	TO
56067	TO	56088	TO	56109	TO	56130	TO
56068	TO	56089	TO	56110	TO	56131 •	TO
56069	TO	56090	TO	56111	TO	56132	TO
56070	TO	56091 •	TO	56112	TO	56133 •	TO
56071	TO	56092	TO	56113	TO	56134 •	TO
56072	TO	56093 •	TO	56114	TO	56135 •	TO
56073	TO	56094	TO	56115	TO		

- 56001 Whatley
- 56012 Maltby Colliery
- 56028 West Burton Power Station
- 56030 Eggborough Power Station
- 56031 Merehead
- 56032 Sir De Morgannwg/County of South Glamorgan
- 56034 Castell Ogwr/Ogmore Castle
- 56037 Richard Trevithick
- 56038 Western Mail
- 56040 Oystermouth
- 56053 Sir Morgannwg Ganol/County of Mid Glamorgan
- 56062 Mountsorrel
- 56063 Bardon Hill
- 56074 Kellingley Colliery
- 56075 West Yorkshire Enterprise
- 56080 Selby Coalfield
- 56091 Castle Donnington Power Station
- 56093 The Institution of Mining Engineers
- 56095 Harworth Colliery
- 56099 Fiddlers Ferry Power Station
- 56122 Wilton-Coalpower
- 56123 Drax Power Station
- 56131 Ellington Colliery
- 56133 Crewe Locomotive Works
- 56134 Blyth Power
- 56135 Port of Tyne Authority

CLASS 58   B.R.E.L. TYPE 5   Co-Co

Built: 1983-87
Engine: Ruston-Paxman 3300 hp
Route Availability: 7
Maximum Tractive Effort: 61,800 lb
Transmission: Six Brush Traction Motors
Maximum Speed: 80 mph
Weight: 129 tonnes
Wheel Diameter: 3'8"

58001	TO	58007	TO	58013	TO	58019 •	TO
58002 •	TO	58008	TO	58014 •	TO	58020 •	TO
58003 •	TO	58009	TO	58015	TO	58021	TO
58004	TO	58010	TO	58016	TO	58022	TO
58005	TO	58011	TO	58017	TO	58023	TO
58006	TO	58012	TO	58018 •	TO	58024	TO

58025	TO	58032	TO	58039 •	TO	58045	TO
58026	TO	58033	TO	58040 •	TO	58046	TO
58027	TO	58034 •	TO	58041 •	TO	58047	TO
58028	TO	58035	TO	58042 •	TO	58048	TO
58029	TO	58036	TO	58043	TO	58049 •	TO
58030	TO	58037	TO	58044	TO	58050 •	TO
58031	TO	58038	TO				

- 58002 Daw Mill Colliery
- 58003 Markham Colliery
- 58014 Didcot Power Station
- 58018 High Marnham Power Station
- 58019 Shirebrook Colliery
- 58020 Doncaster Works
- 58034 Bassetlaw
- 58039 Rugeley Power Station
- 58040 Cottam Power Station
- 58041 Ratcliffe Power Station
- 58042 Ironbridge Power Station
- 58049 Littleton Colliery
- 58050 Toton Traction Depot

CLASS 59 GENERAL MOTORS TYPE 5 Co-Co

Built: 1989 in USA
Engine: General Motors 3,300 hp
Route Availability: 7
Maximum Tractive Effort: 122,000 lb
Transmission: General Motors D77B Traction Motors

Maximum Speed: 60 mph
Weight: 126 tonnes
Wheel Diameter: 3' 4"

59001	FYM	Yeoman Endeavour	59004	FYM	Yeoman Challenger
59002	FYM	Yeoman Enterprise	59005	FYM	Kenneth J. Painter
59003	FYM	Yeoman Highlander			

CLASS 60   BRUSH TYPE 5   Co-Co

Built: 1989 onwards
Engine: Mirrlees 3100 hp
Route Availability: 7
Maximum Tractive Effort: 106,500 lb
Transmission: Brush Traction Motors

Maximum Speed: 60 mph
Weight: 126 tonnes
Wheel Diameter: 3' 8"

* Proposed namings subject to change •

60001 •	HQ
60002 •	HQ
60003 •	HQ
60004 •	HQ
60005 •	HQ
60006 •	HQ
60007 •	HQ

60008 * •	60019 * •	60030
60009 * •	60020	60031
60010 * •	60021	60032
60011 * •	60022	60033
60012 * •	60023	60034
60013	60024	60035
60014	60025	60036
60015 * •	60026	60037
60016 * •	60027	60038
60017 * •	60028	60039
60018 * •	60029	60040

60041	60045	60049	60053	60057	60061	60065	60069
60042	60046	60050	60054	60058	60062	60066	60070
60043	60047	60051	60055	60059	60063	60067	
60044	60048	60052	60056	60060	60064	60068	

- 60001 Steadfast
- 60002 Capability Brown
- 60003 Christopher Wren
- 60004 Lochnager
- 60005 Skiddaw
- 60006 Great Gable
- 60007 Robert Adam
- 60008 Moel Fammau
- 60009 Carnedd Dafydd
- 60010 Plynlimon
- 60011 Cader Idris
- 60012 Glyder Fawr
- 60015 Bow Fell
- 60016 Langdale Pikes
- 60017 Arenig Fawr
- 60018 Moel Siabod
- 60019 Wild Boar Fell

BRITISH RAIL ELECTRIC LOCOMOTIVES

CLASS 73 BRITISH RAIL/ENGLISH ELECTRIC ELECTRO-DIESEL Bo-Bo

Built: 1962-67
Voltage: 660-750 V DC Third Rail
Engine: English Electric 600 hp
Wheel Diameter: 3' 4"
Transmission: Four English Electric Traction Motors
Maximum Speed: 60-90 mph
Weight: 76- 77 tonnes
Route Availability: 6
Maximum Tractive Effort: 34,000-42,000 lb

73/0		73105	SL	73129 •	SL	73/2	
		73106	SL	73130 •	SL		
73001	SL	73107	SL	73131 •	SL	73201 •	SL
73002	SL	73108	SL	73132	SL	73202 •	SL
73003	SL	73109	SL	73133	SL	73203	SL
73004 •	SL	73110	SL	73134 •	SL	73204 •	SL
73005 •	SL	73111	SL	73135	SL	73205 •	SL
73006	SL	73112	SL	73136	SL	73206 •	SL
		73114		73138 •	SL	73207 •	SL
73/1		73117 •	SL	73139	SL	73208 •	SL
		73118 •	SL	73140	SL	73209	SL
73101 •	SL	73119 •	SL	73141	SL	73210 •	SL
73103	SL	73126	SL			73211 •	SL
73104	SL	73128	SL			73212 •	SL

- 73004 The Bluebell Railway
- 73005 Mid-Hants, Watercress Line
- 73101 Brighton Evening Argus
- 73117 University of Surrey
- 73118 The Romney, Hythe and Dymchurch Railway
- 73119 Kentish Mercury
- 73129 City of Winchester
- 73130 City of Portsmouth
- 73131 County of Surrey
- 73134 Woking Homes 1885-1985
- 73138 Post Haste-150 Years of Travelling Post Offices
- 73201 Broadlands
- 73202 Royal Observer Corps
- 73204 Stewarts Lane 1860-1985
- 73205 London Chamber of Commerce
- 73206 Gatwick Express
- 73207 County of East Sussex
- 73208 Croydon 1883-1983
- 73210 Selhurst
- 73211 County of West Sussex
- 73212 Airtour Suisse

CLASS 81 BRITISH THOMSON HOUSTON Bo-Bo

Built: 1959-64
Voltage: 25 kV AC overhead
Transmission: Four AEI Traction Motors
Wheel Diameter: 4' 0"
Maximum Speed: 80 mph
Weight: 79 tonnes
Route Availability: 6
Maximum Tractive Effort: 50,000 lb

81002	WN	81009	GW	81012	GW	
81004	WN	81010	GWu	81017	GW	

CLASS 85 BRITISH RAIL Bo-Bo

Built: 1961-64
Voltage: 25 kV AC overhead
Transmission: Four AEI Traction Motors
Wheel Diameter: 4' 0"
Maximum Speed: 75-80 mph
Weight: 83 tonnes
Route Availability: 6
Maximum Tractive Effort: 50,000 lb

85003	CE	85020	CEu	85037	CE	85104 (85012) CE
85005	CE	85023	CE	85038	CE	85105 (85016) CE
85007	CE	85025	CE	85040	CE	85106 (85021) CE
85008	CE	85026	CE			85108 (85032) CE
85011	CE	85028	CE	**85/1**		85109 (85035) CE
85013	CEu	85030	CE	85101 (85006) CE		85110 (85036) CE
85015	CE	85031	CE	85102 (85009) CE		85111 (85004) CE
85018	CE	85034	CE	85103 (85010) CE		

CLASS 86 BRITISH RAIL Bo-Bo

Built: 1965-66
Voltage: 25 kV AC overhead
Transmission: Four AEI Traction Motors
Wheel Diameter: 3' 9½"
Maximum Speed: 75-110 mph
Weight: 83-87 tonnes
Route Availability: 6
Maximum Tractive Effort: 46,500 lb - 58,000 lb

86/1
Modified at Crewe with 87/0 motors and bogies.

86101 • WN
86102 • WN
86103 • WN

86/2
Modified at Crewe with flexicoil springs and SAB resilient wheels.

86204 • WN
86205 • WN

86206 • WN	86224 • WN	86241 • WN
86207 • WN	86225 • WN	86242 • WN
86208 • WN	86226 • WN	86243 • WN
86209 • WN	86227 • IL	86244 • IL
86210 • WN	86228 • WN	86245 • WN
86212 • WN	86229 • WN	86246 • IL
86213 • WN	86230 • IL	86247 • WN
86214 • IL	86231 • WN	86248 • WN
86215 • IL	86232 • WN	86249 • WN
86216 • IL	86233 • WN	86250 • WN
86217 • WN	86234 • WN	86251 • WN
86218 • IL	86235 • IL	86252 • WN
86219 • WN	86236 • WN	86253 • WN
86220 • IL	86237 • WN	86254 • WN
86221 • IL	86238 • IL	86255 • WN
86222 • WN	86239 • WN	86256 • WN
86223 • IL	86240 • WN	86257 • WN

86258 •	WN	86405	CE	86426	CE	86607 (86407)•CE
86259 •	IL	86406	CE	86428 •	CE	86608 (86408)•CE
86260 •	WN	86410	CE	86430 •	CE	86609 (86409) CE
86261 •	WN	86411 •	CE	86431	CE	86613 (86413)•CE
		86412 •	CE	86434 •	CE	86620 (86420) CE
86/4		86414 •	CE	86437	CE	86621 (86421)•CE
Modified at Crewe		86415 •	CE	86438	CE	86627 (86427)•CE
ex 86/0 and 86/3		86416 •	CE	86439	CE	86632 (86432)•CE
fitted with flexicoil		86417 •	CE			86633 (86433)•CE
springs and		86418	CE	**86/6**		86635 (86435)•CE
resilient wheels.		86419	CE	Designated for		86636 (86436) CE
		86422	CE	Freight Sector		
86401 •	CE	86423	CE	use (max.speed		
86403	CE	86424	CE	75mph)		
86404	CE	86425	CE	86602 (86402) CE		

- 86101 Sir William A Stanier FRS
- 86102 Robert A Riddles
- 86103 Andre Chapelon
- 86204 City of Carlisle
- 86205 City of Lancaster
- 86206 City of Stoke-on-Trent
- 86207 City of Lichfield
- 86208 City of Chester
- 86209 City of Coventry
- 86210 City of Edinburgh
- 86212 Preston Guild
- 86213 Lancashire Witch
- 86214 Sans Pareil
- 86215 Joseph Chamberlain
- 86216 Meteor
- 86217 Halley's Comet
- 86218 Planet • 86219 Phoenix
- 86220 The Round Tabler
- 86221 BBC Look East
- 86222 Lloyd's List 250th. Anniversary
- 86223 Norwich Union
- 86224 Caledonian • 86225 Hardwicke
- 86226 Royal Mail Midlands
- 86227 Sir Henry Johnson
- 86228 Vulcan Heritage
- 86229 Sir John Betjeman
- 86230 The Duke of Wellington
- 86231 Starlight Express
- 86232 Harold Macmillan
- 86233 Laurence Olivier
- 86234 J.B. Priestley OM
- 86235 Novelty
- 86236 Josiah Wedgwood Master Potter 1730-1795
- 86237 Sir Charles Halle
- 86238 European Community
- 86239 L.S. Lowry
- 86240 Bishop Eric Treacy
- 86241 Glenfiddich
- 86242 James Kennedy G.C.
- 86243 The Boys' Brigade
- 86244 The Royal British Legion
- 86245 Dudley Castle
- 86246 Royal Anglian Regiment
- 86247 Abraham Darby
- 86248 Sir Clwyd/County of Clwyd
- 86249 County of Merseyside
- 86250 The Glasgow Herald
- 86251 The Birmingham Post
- 86252 The Liverpool Daily Post
- 86253 The Manchester Guardian
- 86254 William Webb Ellis
- 86255 Penrith Beacon
- 86256 Pebble Mill • 86257 Snowdon
- 86258 Talyllyn - The First Preserved Railway
- 86259 Peter Pan
- 86260 Driver Wallace Oakes G.C.
- 86261 Driver John Axon G.C.
- 86401 Northampton Town
- 86411 Airey Neave
- 86412 Elizabeth Garrett Anderson
- 86414 Frank Hornby
- 86415 Rotary International
- 86416 Wigan Pier • 86417 The Kingsman
- 86428 Aldaniti
- 86430 Scottish National Orchestra
- 86434 University of London
- 86607 The Institution of Electrical Engineers
- 86608 St. John's Ambulance
- 86613 County of Lancashire
- 86621 London School of Economics
- 86627 The Industrial Society
- 86632 Brookside
- 86433 Wulfruna

CLASS 87　　　　BRITISH RAIL　　　　Bo-Bo

Built: 1973-75
Voltage: 25 kV Ac overhead
Transmission: Four GEC Traction Motors
Wheel Diameter: 3′ 9¼″

Maximum Speed: 110 mph
Weight: 83 tonnes
Route Availability: 6
Maximum Tractive Effort: 58,000 lb

87/0
87001 WN Royal Scot
87002 WN Royal Sovereign
87003 WN Patriot
87004 WN Britannia
87005 WN City of London
87006 WN City of Glasgow
87007 WN City of Manchester
87008 WN City of Liverpool
87009 WN City of Birmingham
87010 WN King Arthur
87011 WN The Black Prince
87012 WN The Royal Bank of Scotland
87013 WN John O'Gaunt
87014 WN Knight of the Thistle
87015 WN Howard of Effingham
87016 WN
87017 WN Iron Duke
87018 WN Lord Nelson
87019 WN Sir Winston Churchill
87020 WN North Briton
87021 WN Robert the Bruce
87022 WN Cock o'the North
87023 WN Velocity
87024 WN Lord of the Isles
87025 WN County of Cheshire
87026 WN Sir Richard Arkwright
87027 WN Wolf of Badenoch
87028 WN Lord President
87029 WN Earl Marischal
87030 WN Black Douglas
87031 WN Hal o'the Wynd
87032 WN Kenilworth
87033 WN Thane of Fife
87034 WN William Shakespeare
87035 WN Robert Burns

87/1 Experimental Thyristor controlled loco.

87101 CE Stephenson

CLASS 89　　　　BRUSH　　　　Co-Co

Built: 1986
Voltage: 25 kV AC overhead
Transmission: Brush Traction Motor
Wheel Diameter: 3′ 9¼″

Maximum Speed: 125 mph
Weight: 105 tonnes
Route Availability: 6
Maximum Tractive Effort: 46,000 lb

89001 BN Avocet

CLASS 90　　　　B.R.E.L./ GENERAL ELECTRIC CO　　　　Bo-Bo

Built: 1987-onwards
Voltage: 25 kV AC overhead
Transmission: GEC Traction Motors
Wheel Diameter: 3′ 9¼″

Maximum Speed: 110 mph
Weight: 85 tonnes
Route Availability: 6
Maximum Tractive Effort: 43,100 lb

90001 •	WN	90005 •	WN	90009 •	WN	90013	WN
90002	WN	90006	WN	90010 •	WN	90014	WN
90003	WN	90007	WN	90011 •	WN	90015 •	WN
90004	WN	90008	WN	90012	WN	90016	WN

90017	WN	90026	WN	90035	WN	90044	
90018	WN	90027	WN	90036	WN	90045	
90019	WN	90028	WN	90037	WN	90046	
90020	WN	90029	WN	90038	WN	90047	
90021	WN	90030	WN	90039		90048	
90022	WN	90031	WN	90040		90049	
90023	WN	90032	WN	90041		90050	
90024	WN	90033	WN	90042			
90025	WN	90034	WN	90043			

90001 BBC Midlands Today
90005 Financial Times
90009 Royal Show
90010 275 Railway Squadron (Volunteers)

• 90011 The Chartered Institute of Transport
• 90015 BBC North West

CLASS 91 B.R.E.L./GENERAL ELECTRIC CO Bo-Bo

Built: 1988 onwards
Voltage: 25 KV AC ocerhead
Transmission: GEC Traction Motors
Wheel Diameter: 3'3¼"

Maximum Speed: 125mph
Weight: 82 tonnes
Route Availability: 7
Maximum Tractive Effort:

91001 •	BN	91009	BN	91017		91025	
91002	BN	91010	BN	91018		91026	
91003	BN	91011		91019		91027	
91004 •	BN	91012		91020		91028	
91005	BN	91013		91021		91029	
91006	BN	91014		91022		91030	
91007	BN	91015		91023		91031	
91008	BN	91016		91024			

91001 Swallow • 91004 The Red Arrows

DEPARTMENTAL LOCOMOTIVES

0001	Training Loco	TO
6121	Train Heating Test Loco	RTC
7251(25305)	Ethel 2 Train Heating Unit	CL
7252(25314)	Ethel 3 Train Heating Unit	OC
7403(46035)	Ixion Test Train Loco	RTC
7404(46045)		Mickleover(u)
7651(Pwm651)	P.W.Shunter	CF
7653(Pwm653)	P.W.Shunter	CF
7654(Pwm654)	P.W.Shunter	RG
7701(M61136)	Battery Loco	BD
7702(M61139)	Battery Loco	BD
7703(M61182)	Battery Loco	HE

97704(M61185)	Battery Loco		HE
97705(M61184)	Battery Loco		HE
97706(M61189)	Battery Loco		HE
97707(M61166)	Battery Loco		HE
97708(M61173)	Battery Loco		HE
97806(09017)	Severn Tunnel Emergency Loco		CF
ADB968021(84009)	Mobile Load Bank		RTC
ADB968027(25912)	Training Loco		HO

Note:
968027 carries number D7672 and name Tamworth Castle

DIESEL MULTIPLE UNITS
(see p63 for Set Formations)

Class 119
DMBC Gloucester
R.C.& W.Co.
"Cross Country"

51060 RG
51062 RG
51065 RG
51066 RG
51073 RG
51074 RG
51076 RG
51079 RG

Class 119
DMSL Gloucester
R.C.& W.Co.
"Cross Country"

51086 RG
51088 RG
51090 RG
51094 RG
51099 RG
51103 RG
51104 RG
51107 RG

Class 116
DMBS Derby
"Suburban"

51128 CF
51129 TS
51130 CH
51131 TS
51132 CF
51133 CF

51134 CF
51135 CF
51136 CF
51138 TS
51139 CF
51140 CF

Class 116
DMS Derby
"Suburban"

51141 CF
51142 TS
51143 TS
51144 TS
51145 CF
51146 TS
51147 CF
51148 CF
51149 TS
51151 TS
51152 CF
51153 CF

Class 101
DMBS Metro-Cammell

51174 NL
51175 NL
51177 NL
51178 NL
51179 LA
51180 NL
51181 LA
51182 HA
51184 NL
51185 NC

51187 NC
51188 NL
51189 NC
51190 RG
51191 NL
51192 NC
51194 NL
51201 NC
51205 LA
51207 OO
51208 OO
51210 CH
51211 RG
51212 OO
51213 NC
51215 OO
51218 NC
51219 LA
51220 OO
51221 OO
51222 CH
51223 LA
51224 ED
51225 OO
51226 RG
51228 HA
51230 NC
51231 HA
51234 HA
51241 HA
51244 HA
51245 CH
51246 LA
51247 NC
51249 ED
51252 NC
51253 NL

Class 118
DMBS
Birmingham
R.C.& W.Co.
"Suburban"

51306 TS
51314 TS
51315 CF
51316 TS

Class 118
DMS
Birmingham
R.C.& W.Co.
"Suburban"

51319 OC
51321 TS
51329 TS
51330 CF
51331 TS

Class 117
DMBS Pressed
Steel "Suburban"

51332 RC
51333 RC
51334 TS
51335 RC
51336 RC
51337 RC
51338 TS
51339 TS
51340 RC
51341 RC
51342 RC

1343	RG	51394	TS	**Class 101**		51662	TS
1344	RG	51395	TS	DMCL Metro-		51663	BY
1345	RG	51396	RG	Cammell		51664	BY
1346	RG	51397	RG			51665	BY
1347	RG	51398	RG			51666	BY
1348	TS	51399	RG	51495	NL	51667	BY
1349	RG	51400	RG	51496	CH	51668	BY
1350	RG	51401	RG	51498	RG	51669	BY
1351	RG	51402	TS	51499	RG	51670	BY
1352	TS	51404	RG	51500	LA	51671	BY
1353	TS	51405	RG	51501	RG	51673	BY
1354	RG	51406	TS	51503	RG	51674	BY
1355	RG	51407	TS	51504	RG	51675	BY
1356	RG	51408	RG	51505	CH	51676	BY
1358	RG	51409	RG	51506	NC	51677	BY
1359	RG	51410	TS	51508	NC	51678	BY
1360	TS	51411	TS	51509	CH	51679	BY
1361	RG	51412	TS	51511	CH	51680	BY
1362	RG	51413	TS	51512	LA		
1363	RG	51414	TS	51513	CH		
1364	TS	51415	TS	51530	LA	**Class 101**	
1365	TS			51531	NC	DMBS Metro-	
1366	RG			51533	NL	Cammell	
1367	RG	**Class 108**					
1368	TS	DMBS Derby				51799	HT
1369	TS	"Lightweight"		**Class 108**		51800	CH
1370	TS			DMCL Derby			
1371	TS	51416	CF	"Lightweight"			
1372	TS	51417	CF			**Class 101**	
1373	TS	51418	CH	51561	LE	DMCL Metro-	
		51419	CF	51562	LE	Cammell	
Class 117		51420	NL	51563	LE		
DMS Pressed		51421	CH	51565	LE	51803	ED
Steel "Suburban"		51422	CH	51566	CH	51808	NL
		51424	CH	51567	LE		
1374	RG			51568	CH		
1375	RG	**Class 101**		51569	CH	**Class 110**	
1376	TS	DMBS Metro-		51570	LA	DMBC Birm-	
1377	RG	Cammell		51571	BY	ingham RC&W	
1378	RG			51572	BY	"Calder Valley"	
1379	RG	51425	RG				
1380	TS	51426	CH			51813	NL
1381	RG	51427	NC	**Class 115**		51817	NL
1382	TS	51428	NC	DMBS Derby		51823	NL
1383	RG	51429	NC	"Suburban"			
1384	RG	51431	RG				
1385	RG	51434	RG	51651	BY	**Class 110**	
1386	RG	51435	NL	51652	BY	DMCL Birm-	
1387	RG	51436	CF	51653	BY	ingham RC&W	
1388	RG	51437	RG	51654	BY	"Calder Valley"	
1389	RG	51438	CA	51655	BY		
1390	TS	51442	NC	51656	BY	51829	NL
1391	RG	51443	OO	51657	BY	51830	NL
1392	RG	51444	OO	51658	BY	51834	NL
1393	RG	51462	CH	51659	BY		
		51463	NL	51660	BY		
				51661	BY		

51840	NL
51842	NL
51843	NL
51847	NL

Class 115
DMBS Derby
"Suburban"

51849	BY
51851	TS
51852	TS
51853	TS
51854	TS
51855	BY
51856	TS
51857	BY
51858	TS
51859	TS
51860	TS
51862	TS
51863	BY
51865	TS
51866	BY
51867	TS
51868	TS
51869	TS
51870	TS
51871	BY
51872	BY
51873	BY
51874	BY
51875	BY
51876	TS
51877	TS
51878	BY
51879	BY
51880	TS
51883	BY
51884	TS
51885	BY
51886	BY
51887	BY
51888	BY
51889	BY
51890	BY
51891	BY
51892	TS
51893	BY
51894	BY
51895	BY
51896	BY
51897	TS

51898	TS
51899	BY
Aylesbury College Silver Jubilee 1987	
51900	BY

Class 108
DMBS Derby
"Lightweight"

51901	CH
51902	CH
51903	CH
51904	CH
51905	CH
51906	CH
51907	CH
51908	CH
51909	BY
51911	CH
51912	BY
51913	CH
51914	BY
51916	BY
51917	CH
51919	LE
51920	CH
51922	LE
51924	LE
51925	LE
51926	LE
51927	LO
51928	LE
51930	LE
51931	LE
51932	LA
51933	LA
51935	LO
51936	LA
51937	LO
51938	CH
51939	LA
51940	LA
51941	CH
51942	BY
51943	LO
51945	CH
51947	CH
51948	LO
51950	CH

Class 107
DMBS Derby
"Heavyweight"

51985	ED
51986	ED
51987	ED
51988	ED
51989	ED
51990	ED
51991	HA
51992	HA
51993	ED
51994	ED
51996	ED
51997	ED
51998	ED
51999	ED
52000	HA
52001	ED
52004	ED
52005	ED
52006	ED
52007	ED
52008	ED
52010	ED

Class 107
DMCL Derby
"Heavyweight"

52011	ED
52012	ED
52013	ED
52015	ED
52016	ED
52018	ED
52019	ED
52020	ED
52021	ED
52023	ED
52024	ED
52025	ED
52026	HA
52028	ED
52029	ED
52030	ED
52031	ED
52033	ED
52034	ED
52035	HA
52036	HA

Class 108
DMCL Derby
"Lightweight"

52038	LE
52039	CH
52041	LE
52042	N
52044	LE
52045	L
52046	L
52047	LA
52048	L
52049	CH
52050	CH
52051	L
52053	C
52054	LA
52055	L
52056	CH
52057	LA
52058	C
52059	C
52060	C
52061	L
52062	C
52063	L
52064	C
52065	C

Class 110
DMBC Birmingham RC&W
"Calder Valley"

52066	N
52069	N
52071	N
52072	N
52075	N

Class 110
DMCL Birmingham RC&W "Calder Valley"

52077	N
52080	N
52082	N
52085	

Class 150/1 DMSL BREL Derby Sprinter (150101-150150)		Class 150/2 DMSL BREL Derby Sprinter (150201-150285)					
52101	DY	52201	NH	52253	TS	52317	CF
52102	DY	52202	NH	52254	CF	52318	CF
52103	DY	52203	NH	52255	HA	52319	CF
52104	DY	52204	NH	52256	HA	52320	CF
52105	DY	52205	TS	52257	HA	52321	CF
52106	DY	52206	NH	52258	HA	52322	CF
52107	DY	52207	NH	52259	HA	52323	CF
52108	DY	52208	HA	52260	HA	52324	CF
52109	DY	52210	NH	52261	CF	52325	CF
52110	DY	52211	NH	52262	HA	52326	CF
52111	DY	52213	NH	52263	CF	52327	CF
52112	DY	52214	NH	52264	HA	52328	CF
52113	DY	52215	NH	52265	CF	52329	CF
52114	DY	52216	NH	52266	CF	52330	CF
52115	DY	52217	NH	52267	CF	52331	CF
52116	DY	52218	NH	52268	CF	52332	CF
52117	DY	52219	NH	52269	CF	52333	CF
52118	DY	52220	NH	52270	CF	52334	CF
52119	DY	52221	NH	52271	CF	52335	CF
52120	DY	52222	NH	52272	CF	52341	NL
52121	DY	52223	NH	52273	CF	52342	NL
52122	DY	52224	TS	52274	CF	52343	NL
52123	DY	52225	NH	52275	CF	52344	NL
52124	DY	52226	TS	52276	CF	52345	NL
52125	DY	52227	NH	52277	CF	52346	NL
52126	DY	52228	HA	52278	CF	52347	NL
52127	DY	52229	NH	52279	CF		
52128	DY	52230	NL	52280	CF	**Class 156** DMSL Metro-Cammell Super Sprinter (156401-156514)	
52129	DY	52231	NH	52281	CF		
52130	DY	52232	NL	52282	CF		
52131	DY	52233	NH	52283	HA		
52132	DY	52234	NL	52284	HA		
52133	DY	52235	NH	52285	HA	52401	NC
52134	DY	52236	NL			52402	NC
52135	DY	52237	NH	**Class 155** DMSL Leyland Super Sprinter (155301-155347)		52403	NC
52136	DY	52238	NL			52404	NC
52137	DY	52239	NH			52405	NC
52138	DY	52240	NL			52406	NC
52139	DY	52241	TS	52301	CF	52407	NC
52140	DY	52242	NL	52302	CF	52408	NC
52141	TS	52243	NH	52303	CF	52409	NC
52142	TS	52244	HA	52304	CF	52410	NC
52143	DY	52245	HA	52305	CF	52411	NC
52144	TS	52246	HA	52306	CF	52412	NC
52145	TS	52247	CF	52307	CF	52413	NC
52146	TS	52248	HA	52308	CF	52414	NC
52147	TS	52249	CF	52309	CF	52415	NC
52148	TS	52250	HA	52310	CF	52416	NC
52149	TS	52251	CF	52311	CF	52417	NC
52150	TS	52252	HA	52312	CF	52418	NC
				52313	CF	52419	NC
				52314	CF	52420	NC
				52315	CF	52421	NC
				52316	CF	52422	NC

52423	NC	52478	IS	52712		52767	
52424	NC	52479	NL	52713		52768	
52425	NC	52480	NL	52714		52769	
52426	NC	52481	NL	52715		52770	
52427	NC	52482	NL	52716		52771	
52428	NC	52483	NL	52717		52772	
52429	NC	52484	NL	52718		52773	
52430	CK	52485	IS	52719		52774	
52431	CK	52486	NC	52720		52775	
52432	CK	52487	NL	52721		52776	
52433	CK	52488	NL	52722		52777	
52434	CK	52489	NL	52723		52778	
52435	CK	52490	NL	52724		52779	
52436	CK	52491	NL	52725		52780	
52437	CK	52492	IS	52726		52781	
52438	NL	52493	IS	52727		52782	
52439	CK	52494	IS	52728		52783	
52440	NC	52495	IS	52729		52784	
52441	NL	52496	IS	52730		52785	
52442	CK	52497	NL	52731		52786	
52443	NL	52498	NL	52732		52787	
52444	NL	52499	HA	52733		52788	
52445	HA	52500	CK	52734		52789	
52446	IS	52501	CK	52735		52790	
52447	HA	52502	CK	52736		52791	
52448	NL	52503	HA	52737		52792	
52449	HA	52504	HA	52738		52793	
52450	HA	52505	HA	52739		52794	
52451	NL	52506	CK	52740		52795	
52452	NC	52507	CK	52741		52796	
52453	HA	52508	CK	52742		52797	
52454	NL	52509	CK	52743		52798	
52455	NL	52510	CK	52744		52799	
52456	HA	52511	CK	52745		52800	
52457	IS	52512	CK	52746		52801	
52458	IS	52513	CK	52747		52802	
52459	NL	52514	CK	52748		52803	
52460	NL			52749		52804	
52461	NC	**Class 158**		52750		52805	
52462	NL	DMSL BREL		52751		52806	
52463	NL	Derby Express		52752		52807	
52464	NC	Sprinter		52753		52808	
52465	HA	(158701-158904)		52754		52809	
52466	NC			52755		52810	
52467	NL	52701	HA	52756		52811	
52468	NL	52702		52757		52812	
52469	NL	52703		52758		52813	
52470	NC	52704		52759		52814	
52471	NL	52705		52760		52815	
52472	NC	52706		52761		52816	
52473	NC	52707		52762		52817	
52474	IS	52708		52763		52818	
52475	NL	52709		52764		52819	
52476	NL	52710		52765		52820	
52477	IS	52711		52766		52821	

*822	52877	53061	TS	**Class 101**	
*823	52878	53071	TS	DMCL Metro-	
*824	52879	53073	TS	Cammell	
*825	52880	53079	TS		
*826	52881	53082	TS	53168	NC
*827	52882	53083	OO	53169	CF
828	52883	53090	TS	53170	NC
829	52884			53171	CH
830	52885			53176	HA
831	52886	**Class 116**		53177	NC
832	52887	DMS Derby		53180	NC
833	52888	"Suburban"		53181	NC
834	52889			53185	ED
835	52890	53092	TS	53189	HA
836	52891	53093	TS	53193	NC
837	52892	53101	TS	53194	ED
838	52893	53102	TS		
839	52894	53106	TS		
840	52895	53114	TS		
841	52896	53116	TS		
842	52897	53124	TS	**Class 101**	
843	52898	53132	TS	DMBS Metro-	
844	52899			Cammell	
845	52900				
846	52901	**Class 101**		53198	CH
847	52902	DMCL Metro-		53200	LA
848	52903	Cammell		53201	NC
849	52904			53202	NC
850		53139	NC	53203	NL
851		53146	ED	53204	NL
852	**Class 114**	53149	NC	53207	OO
853	DMBS Derby			53208	NC
854	"Heavyweight"			53211	NL
855		**Class 101**		53212	LA
856	53002 TS	DMBS Metro-		53216	CH
857	53005 TS	Cammell		53223	LA
858	53006 TS			53224	CH
859	53019 TS	53155	OO	53228	NC
860	53020p CA	53157	LA	53231	NC
861	53021 TS				
862	53027p CA	**Class 101**			
863	53036 TS	DMCL Metro-			
864	53044 TS	Cammell			
865	53046p CA				
866		53158	ED	**Class 101**	
867	**Class 116**	53160	ED	DMCL Metro-	
868	DMBS Derby	53163	HA	Cammell	
869	"Suburban"				
870				53238	NC
871	53050 TS	**Class 101**		53239	HA
872	53053 TS	DMBS Metro-		53241	ED
873	53054 TS	Cammell		53242	NL
874	53055 TS			53243	HA
875	53056 TS	53164	NL	53244	CH
876	53058 TS	53165	CH	53245	HA
	53060 TS				

Class 101
DMBS Metro-Cammell

53247	LA
53248	NL
53250	NL
53253	CH
53256	LA

Class 101
DMCL Metro-Cammell

53260	HA
53265	RG
53266	NC
53267	NC
53268	NL
53269	CH

Class 101
DMBS Metro-Cammell

53291	NL
53293	NC
53294	CH
53296	OO
53305	NC
53308	RG
53310	RG
53311	RG
53312	RG
53314	RG
53315	LA

Class 101
DMCL Metro-Cammell

53321	NC
53322	RG
53326	RG
53327	RG
53330	LA
53331	RG
53332	RG
53333	RG

Class 104
DMBS Birmingham RC&W

53429	OO
53431	CH
53437	OO
53442	CH
53447	CH
53451	CH
53455	OO
53470	OO
53477	OO
53479	OO

Class 104
DMCL Birmingham RC&W

53494	CH
53512	CH
53516	CHu
53517	CH
53529	CH
53531	CH

Class 104
DMBS Birmingham RC&W

53534	CH
53539	OO
53540	OO

Class 108
DMBS Derby "Lightweight"

53599	BY
53602	BR
53608	BR
53612	BR
53614	BR
53616	BR
53617	CH
53618	BR
53619	BR
53620	BR
53621	BR
53622	BR
53624	CF
53625	LE
53626	NL
53627	CF
53628	BY
53629	CF

Class 108
DMCL Derby "Lightweight"

53630	NL
53631	LE
53632	CF
53633	LE
53634	CH
53635	CF
53636	NL
53637	LA
53638	LA
53639	LA
53641	NL
53642	CF
53643	LE
53644	NL
53645	CH
53646	LA

Class 101
DMCL Metro-Cammell

53746	NL
53751	RG

Class 116
DMBS Derby "Suburban"

53818	TS
53820	OO
53822	TS
53826	TS
53827	TS
53837	TS
53838	TS
53844	TS
53849	TS
53850	TS
53853	TS
53854	TS
53855	TS
53863	TS
53865	TS

Class 116
DMS Derby "Suburban"

53873	T
53878	T
53880	T
53881	T
53886	T
53890	T
53891	T
53893	T
53894	T
53897	T
53902	T
53907	T
53916	N
53919	T
53921	T

Class 108
DMBS Derby "Lightweight"

53924	C
53925	C
53926	L
53927	C
53928	L
53929	C
53930	C
53931	C
53932	C
53933	C
53934	C
53935	L
53938	C
53939	L
53940	N
53941	E
53942	L
53943	L
53944	N
53945	L
53947	L
53948	E
53949	N
53950	
53951	
53952	
53953	
53954	
53955	
53956	
53957	

Class 08: No. 08642/D3809 in special, lined black livery at Eastleigh Works on 18th July 1989, as part of the Eastleigh 150 celebrations.

(Brian Denton)

Class 26: Nos 26004, 26007 and 26003 in Railfreight Coal sub sector livery at Millerhill Yard on 18th September 1989.

(Brian Denton)

Class 33: No. 33201 in Departmental grey livery at BRML Eastleigh Works on 18th July 1989.

(Brian Denton)

Class 37: No. 37350/D6700, as painted in BR green livery for exhibition purposes, and seen at Mendip Rail '89, Merehead, Somerset on 25th June 1989.

(Peter Nicholson)

Class 47: No. 47620 *Windsor Castle* in InterCity livery, on exhibition at Mendip Rail '89, Merehead, Somerset, 25th June 1989.

(Peter Nicholson)

Class 50: No. 50018 *Resolution* in Network SouthEast livery, viewed from Langstone Rock at Dawlish Warren on 19th August 1989.

(Hugh Ballantyne)

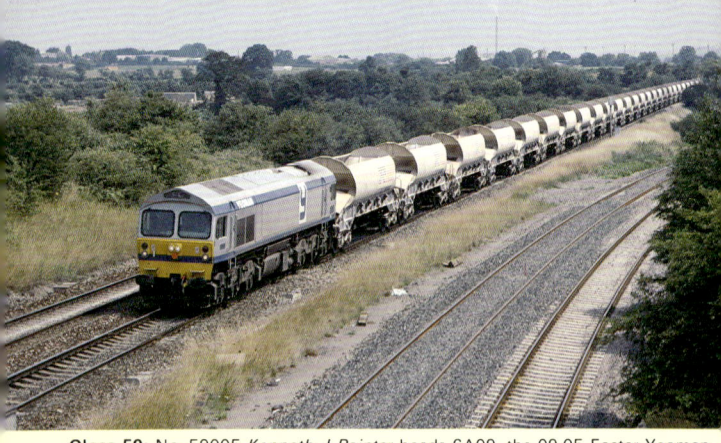

Class 59: No. 59005 *Kenneth J Painter* heads 6A09, the 09.05 Foster Yeoman Theale-Merehead at Fairwood Junction, Westbury on 19th July 1989.

(Brian Denton)

Class 89: No. 89001 *Avocet* in revised InterCity livery, September 1989 at the Brush works, Loughborough.

(Brian Morrison)

Class 90: No. 90037 in Railfreight Distribution livery at BREL Crewe Works on 7th November 1989.

(Brian Morrison)

Class 91: No. 91001 approaches Leeds station on 20th September 1989.

(Brian Morrison)

No. 97650/PWM650 (Ruston & Hornsby Class 165DE, 0-6-0 diesel-electric) at Reading RCE Yard on 5th September 1989.

(Brian Denton)

No. 97561 formerly Class 47 No. 47561, in Midland red livery and named *Midland Counties Railway 150 1839-1989*, depicted at Coalville on 11th June 1989.

(Hugh Ballantyne)

Class 156: 'Super Sprinter' set No. 156472 (coach Nos 52472 + 57472) at Woofferton, Shropshire forming the 07.22 Liverpool to Cardiff service, on 30th March 1989.
(Hugh Ballantyne)

Class 321: Set No. 321322 on Brentwood Bank, Essex on 6th July 1989.
(Brian Morrison)

Class 419: DMLV No. 9004/68004 in Royal Mail livery heads an 'up' working outside Ashford on 26th March 1989.

(Ian G. Feather)

Class 483: Set No. 483001 at BRML Eastleigh Works on 3rd July 1989 prior to shipment to the Isle of Wight.

(Brian Morrison)

53958	HT	54091	NL	54249	NL	54369	NC
53959	HT			54251	NL	54370	HT
53960	HT	**Class 108**		54252	NL	54371	OO
53962	HT	DTCL Derby		54253	CH	54372	OO
53963	HT	"Lightweight"		54256	CH	54379	NC
53964	HT			54257	BY	54380	NC
53965	NL	54191	BR	54258	CH	54381	ZQ
53966	NL	54194	BY	54259	BY	54382	CA
53968	NL	54197	BR	54260	CH	54385	OO
53969	NL	54201	BR	54261	CH	54387	NC
53970	CH	54202	BR	54262	HT	54388	NC
53971	NL	54203	BR	54263	HT	54393	NC
53973	HT	54204	BR	54264	CH	54396	OO
53974	NL	54205	BR	54265	HT	54399	NC
53975	LO	54207	BR	54266	CH	54402	OO
53976	CH	54208	BR	54267	CF	54405	OO
53977	CH	54209	BR	54268	BR	54408	NL
53978	CH	54210	CF	54269	CH		
53980	CH	54212	CF	54270	NL		
53981	CH	54214	CH	54271	BY	**Class 108**	
53982	CH			54272	CH	DTCL Derby	
53983	CH	**Class 101**		54273	CF	"Lightweight"	
53986	NL	DTCL Metro-Cammell		54274	BY		
53987	NL			54275	CH	54484	CH
		54218	NC	54276	CH	54485	CH
Class 114		54220	CH	54277	CH	54486	CH
DTCL Derby				54278	CH	54487	CH
"Heavyweight"		**Class 108**		54279	BY	54488	CH
		DTCL Derby				54489	CH
54006	TS	"Lightweight"		**Class 121**		54490	CH
54010	TS			DTSL Pressed Steel "Suburban"		54491	BY
54012	TS	54221	NL			54492	BR
54027	TS	54222	BY			54493	BY
54028p	CA	54223	BY	54280	OO	54494	CF
54039	TS	54224	BY	54283	OO	54495	BY
54041p	CA	54225	CH	54284	OO	54496	CH
54043	TS	54227	HT	54287	OO	54497	CH
54047	TS	54228	BY	54289	OO	54498	CF
		54230	BR			54499	BY
Class 101		54231	CH	**Class 101**		54500	BY
DTCL Metro-Cammell		54232	CH	DTCL Metro-Cammell		54501	CH
		54235	HT			54503	NL
54050	NC	54236	HT	54332	NC	54504	NL
54055	NC	54238	HT	54340	NLs		
54056	NL	54239	HT	54343	NC		
54060	NC	54240	HT	54346	NLs	**Class 114**	
54061	NL	54241	HT	54347	NC	DTPMV Derby	
54062	NC	54242	HT	54352	NC	"Heavyweight"	
54065	NC	54243	HT	54354	NC	Parcels	
54068	OO	54244	HT	54358	BY		
54070	OO	54245	HT	54362	CA	54900	CA
54073	NC	54246	CH	54363	BY	54901	CA
54081	OO	54247	HT	54365	NL	54902	CA
54085	NLs	54248	NL	54368	NC	54903	CA
						54904	CA

Class 122
DMBS Gloucester
"Suburban"

55000	LA
55003	LA
55004	LA
55005	LA
55006	LA
55009	LA
55011	LA
55012	LA

Class 121
DMBS Pressed
Steel "Suburban"

55020	OO
55021	OO
55022	OO
55023	OO
55024	OO
55025	OO
55026	LA
55027	OO
55028	OO
55029	OO
55030	OO
55031	OO
55032	TS
55033	TS
55034	TS

Class 150/0
DMSL BREL Prototype Sprinter
(150001)

55200	TS

Class 154
DMSL BREL
Super Sprinter
(154002)

55201	DY

Class 151
DMSL Metro-Cammell Prototype (151003/4)

55202	DYu
55203	DYu

Class 150/0
DMS BREL Prototype Sprinter
(150001)

55300	TS

Class 154
DMS BREL Super
Sprinter (154002)

55301	DY

Class 151
DMS Metro-Cammell Prototype (151003/4)

55302	DYu
55303	DYu

Class 150/0
MS BREL Prototype Sprinter
(150001)

55400	TS

Class 154
MS BREL Super
Sprinter (154002)

55401	DY

Class 151
MS Metro-Cammell Prototype (151003/4)

55402	DYu
55403	DYu

Class 165
MS BREL York
(165023-165033)
on order

55404
55405
55406
55407
55408
55409
55410
55411
55412
55413
55414

Class 140
DMS Prototype
Railbus (140001)

55500	NLu

Class 140
DMSL Prototype
Railbus (140001)

55501	NLu

Class 141
DMS
Leyland/BREL
Railbus
(141101-141120)

55502	NL
55503	NL
55504	NL
55505	NL
55506	NL
55507	NL
55508	NL
55509	NL
55510	NL
55511	NL
55512	NL
55513	NL
55514	NL
55515	NL
55516	NL
55517	NL
55518	NL
55519	NL
55520	NL
55521	NL

Class 141
DMSL
Leyland/BREL
Railbus
(141101-141120)

55522	NL
55523	NL
55524	NL
55525	NL
55526	NL
55527	NL
55528	NL
55529	NL
55530	NL
55531	NL
55532	NL
55533	NL
55534	NL
55535	NL
55536	NL
55537	NL
55538	NL
55539	NL
55540	NL
55541	NL

Class 142
DMS
Leyland/BREL
Railbus
(142201-142550)

55542	NH
55543	NH
55545	NH
55546	NH
55547	NH
55548	NH
55549	NH
55550	NH
55551	NH
55552	NH
55553	NH
55554	NH
55555	NH
55556	NH
55557	HT
55558	NH
55559	HT
55560	HT
55561	HT
55562	HT
55563	HT
55564	NH
55565	NH
55566	HT
55567	NH
55568	NH
55569	NH
55570	NH
55571	NH
55572	NH
55573	NH
55574	NH
55575	NH
55576	NH

55577	NH
55578	NH
55579	NH
55580	NH
55581	NH
55582	NH
55583	NH
55584	NH
55585	NH
55586	NH
55587	NH
55588	NH
55589	NH
55590	NH
55591	NL

Class 142
DMSL
Leyland/BREL
Railbus
(142201-142550)

55592	NH
55593	NH
55594	NH
55595	NH
55596	NH
55597	NH
55598	NH
55599	NH
55600	NH
55601	NH
55602	NH
55603	NH
55604	NH
55605	NH
55606	NH
55607	HT
55608	NH
55609	HT
55610	HT
55611	HT
55612	HT
55613	HT
55614	NH
55615	NH
55616	HT
55617	NH
55618	NH
55619	NH
55620	NH
55621	NH
55622	NH
55623	NH
55624	NH
55625	NH
55626	NH
55627	NH
55628	NH
55629	NH
55630	NH
55631	NH
55632	NH
55633	NH
55634	NH
55635	NH
55636	NH
55637	NH
55638	NH
55639	NH
55640	NH
55641	NL

Class 143
DMS Alexander/Barclay
Railbus

55642	HT
55643	HT
55644	HT
55645	HT
55646	HT
55647	HT
55648	HT
55649	HT
55650	HT
55651	HT
55652	HT
55653	HT
55654	HT
55655	HT
55656	HT
55657	HT
55658	HT
55659	HT
55660	HT
55661	HT
55662	HT
55663	HT
55664	HT
55665	HT
55666	HT

Class 143
DMSL Alexander/Barclay
Railbus

55667	HT
55668	HT
55669	HT
55670	HT
55671	HT
55672	HT
55673	HT
55674	HT
55675	HT
55676	HT
55677	HT
55678	HT
55679	HT
55680	HT
55681	HT
55682	HT
55683	HT
55684	HT
55685	HT
55686	HT
55687	HT
55688	HT
55689	HT
55690	HT
55691	HT

Class 142
DMS Leyland/BREL
Railbus
(142551-142596)

55701	NH
55702	NH
55703	NH
55704	NH
55705	NH
55706	NH
55707	NH
55708	NH
55709	NH
55710	NH
55711	NH
55712	NH
55713	NH
55714	NH
55715	NH
55716	NH
55717	NH
55718	NH
55719	NH
55720	NL
55721	NH
55722	NL
55723	NL
55724	NL
55725	NL
55726	NL
55727	NL
55728	NL
55729	NL
55730	NL
55731	NL
55732	NL
55733	NL
55734	NL
55735	NL
55736	NL
55737	NL
55738	NL
55739	NL
55740	NL
55741	NL
55742	NL
55743	NL
55744	NL
55745	NL
55746	NL

Class 142
DMSL
Leyland/BREL
Railbus
(142551-142596)

55747	NH
55748	NH
55749	NH
55750	NH
55751	NH
55752	NH
55753	NH
55754	NH
55755	NH
55756	NH
55757	NH
55758	NH
55759	NH
55760	NH
55761	NH
55762	NH
55763	NH
55764	NH
55765	NH
55766	NL

No.	Code	No.	Code	No.	Code	No.	Code
55767	NH	55823	NL	55929	CA	57134	DY
55768	NL			55930	CA	57135	DY
55769	NL	**Class 144**		55931	CA	57136	DY
55770	NL	DMSL Alex-		55932	CA	57137	DY
55771	NL	ander/Barclay				57138	DY
55772	NL	Railbus				57139	DY
55773	NL	(144401-144423)		**Class 128**		57140	DY
55774	NL			DMPMV		57141	TS
55775	NL	55824	NL	Gloucester		57142	TS
55776	NL	55825	NL	RC&W		57143	DY
55777	NL	55826	NL			57144	TS
55778	NL	55827	NL	55991	CA	57145	TS
55779	NL	55828	NL	55992	CA	57146	TS
55780	NL	55829	NL	55993	CA	57147	TS
55781	NL	55830	NL	55994	CA	57148	TS
55782	NL	55831	NL	55995	CA	57149	TS
55783	NL	55832	NL			57150	TS
55784	NL	55833	NL	**Class 150/1**			
55785	NL	55834	NL	DMS BREL Derby		**Class 150/2**	
55786	NL	55835	NL	Sprinter		DMS BREL Derby	
55787	NL	55836	NL	(150101-150150)		Sprinter	
55788	NL	55837	NL			(150201-150285)	
55789	NL	55838	NL	57101	DY		
55790	NL	55839	NL	57102	DY	57201	NH
55791	NL	55840	NL	57103	DY	57202	NH
55792	NL	55841	NL	57104	DY	57203	NH
		55842	NL	57105	DY	57204	NH
Class 144		55843	NL	57106	DY	57205	TS
DMS Alex-		55844	NL	57107	DY	57206	NH
ander/BREL		55845	NL	57108	DY	57207	NH
Railbus		55846	NL	57109	DY	57208	HA
(144401-144423)				57110	DY	57209	NH
		Class 144		57111	DY	57210	NH
55801	NL	MS Alex-		57112	DY	57211	NH
55802	NL	ander/BREL		57113	DY	57212	TS
55803	NL	Railbus		57114	DY	57213	NH
55804	NL	(144414-144423)		57115	DY	57214	NH
55805	NL			57116	DY	57215	NH
55806	NL	55850	NL	57117	DY	57216	NH
55807	NL	55851	NL	57118	DY	57217	NH
55808	NL	55852	NL	57119	DY	57218	NH
55809	NL	55853	NL	57120	DY	57219	NH
55810	NL	55854	NL	57121	DY	57220	NH
55811	NL	55855	NL	57122	DY	57221	NH
55812	NL	55856	NL	57123	DY	57222	NH
55813	NL	55857	NL	57124	DY	57223	NH
55814	NL	55858	NL	57125	DY	57224	TS
55815	NL	55859	NL	57126	DY	57225	NH
55816	NL			57127	DY	57226	TS
55817	NL	**Class 114**		57128	DY	57227	NH
55818	NL	DMPMV Derby		57129	DY	57228	HA
55819	NL	"Heavyweight"		57130	DY	57229	NH
55820	NL	Parcels		57131	DY	57230	NL
55821	NL			57132	DY	57231	NH
55822	NL	55928	CA	57133	DY	57232	NL

57233	NH	**Class 155**		57402	NC	57457	IS
57234	NL	DMS Leyland		57403	NC	57458	IS
57235	NH	Super Sprinter		57404	NC	57459	NL
57236	NL	(155301-155347)		57405	NC	57460	NL
57237	NH			57406	NC	57461	NC
57238	NL	57301	CF	57407	NC	57462	NL
57239	NH	57302	CF	57408	NC	57463	CF
57240	NL	57303	CF	57409	NC	57464	NC
57241	TS	57304	CF	57410	NC	57465	HA
57242	NL	57305	CF	57411	NC	57466	NC
57243	NH	57306	CF	57412	NC	57467	NL
57244	HA	57307	CF	57413	NC	57468	NC
57245	HA	57308	CF	57414	NC	57469	NL
57246	HA	57309	CF	57415	NC	57470	NC
57247	CF	57310	CF	57416	NC	57471	NL
57248	HA	57311	CF	57417	NC	57472	NC
57249	CF	57312	CF	57418	NC	57473	NC
57250	HA	57313	CF	57419	NC	57474	IS
57251	CF	57314	CF	57420	NC	57475	NL
57252	HA	57315	CF	57421	NC	57476	NL
57253	TS	57316	CF	57422	NC	57477	IS
57254	NL	57317	CF	57423	NC	57478	IS
57255	HA	57318	CF	57424	NC	57479	NL
57256	HA	57319	CF	57425	NC	57480	NL
57257	HA	57320	CF	57426	NC	57481	NL
57258	HA	57321	CF	57427	NC	57482	NL
57259	HA	57322	CF	57428	NC	57483	NL
57260	HA	57323	CF	57429	NC	57484	NL
57261	CF	57324	CF	57430	CK	57485	IS
57262	HA	57325	CF	57431	CK	57486	NC
57263	NL	57326	CF	57432	CK	57487	NL
57264	HA	57327	CF	57433	CK	57488	NL
57265	CF	57328	CF	57434	CK	57489	NL
57266	CF	57329	CF	57435	CK	57490	NL
57267	CF	57330	CF	57436	CK	57491	NL
57268	CF	57331	CF	57437	CK	57492	IS
57269	CF	57332	CF	57438	NL	57493	IS
57270	CF	57333	CF	57439	CK	57494	IS
57271	CF	57334	CF	57440	NC	57495	IS
57272	CF	57335	CF	57441	NL	57496	IS
57273	CF	57341	NL	57442	CK	57497	NL
57274	CF	57342	NL	57443	NL	57498	NL
57275	CF	57343	NL	57444	NL	57499	HA
57276	CF	57344	NL	57445	HA	57500	CK
57277	CF	57345	NL	57446	IS	57501	CK
57278	CF	57346	NL	57447	HA	57502	CK
57279	CF	57347	NL	57448	NL	57503	HA
57280	CF			57449	HA	57504	HA
57281	CF	**Class 156**		57450	HA	57505	HA
57282	CF	DMS Metro-		57451	NL	57506	CK
57283	HA	Cammell Super		57452	NC	57507	CK
57284	HA	Sprinter		57453	HA	57508	CK
57285	HA	(156401-156514)		57454	CF	57509	CK
				57455	NL	57510	CK
		57401	NC	57456	HA	57511	CK

45

57512	CK
57513	CK
57514	CK

Class 158
DMS BREL Derby
Express Sprinter
(158701-158904)

57701	HA
57702	
57703	
57704	
57705	
57706	
57707	
57708	
57709	
57710	
57711	
57712	
57713	
57714	
57715	
57716	
57717	
57718	
57719	
57720	
57721	
57722	
57723	
57724	
57725	
57726	
57727	
57728	
57729	
57730	
57731	
57732	
57733	
57734	
57735	
57736	
57737	
57738	
57739	
57740	
57741	
57742	
57743	
57744	
57745	
57746	

57747
57748
57749
57750
57751
57752
57753
57754
57755
57756
57757
57758
57759
57760
57761
57762
57763
57764
57765
57766
57767
57768
57769
57770
57771
57772
57773
57774
57775
57776
57777
57778
57779
57780
57781
57782
57783
57784
57785
57786
57787
57788
57789
57790
57791
57792
57793
57794
57795
57796
57797
57798
57799
57800
57801

57802
57803
57804
57805
57806
57807
57808
57809
57810
57811
57812
57813
57814
57815
57816
57817
57818
57819
57820
57821
57822
57823
57824
57825
57826
57827
57828
57829
57830
57831
57832
57833
57834
57835
57836
57837
57838
57839
57840
57841
57842
57843
57844
57845
57846
57847
57848
57849
57850
57851
57852
57853
57854
57855
57856

57857
57858
57859
57860
57861
57862
57863
57864
57865
57866
57867
57868
57869
57870
57871
57872
57873
57874
57875
57876
57877
57878
57879
57880
57881
57882
57883
57884
57885
57886
57887
57888
57889
57890
57891
57892
57893
57894
57895
57896
57897
57898
57899
57900
57901
57902
57903
57904

Class 158
DMS BREL Derby Express Sprinter

58701
58702
58703
58704
58705
58706
58707
58708
58709
58710
58711
58712
58713
58714
58715
58716
58717
58718
58719
58720
58721
58722
58723
58724
58725
58726
58727
58728
58729
58730
58731
58732
58733
58734
58735
58736
58737
58738
58739

Class 165
DMC BREL York (165001-165022) on order

58801
58802
58803
58804
58805
58806
58807
58808
58809
58810
58811
58812
58813
58814
58815
58816
58817
58818
58819
58820
58821
58822

Class 165
DMC BREL York (165023-165033) on order

58823
58824
58825
58826
58827
58828
58829
58830
58831
58832
58833

Class 165
DMS BREL York (165001-165033) on order

58834
58835
58836
58837
58838
58839
58840
58841
58842
58843
58844
58845
58846
58847
58848
58849
58850
58851
58852
58853
58854
58855
58856
58857
58858
58859
58860
58861
58862
58863
58864
58865
58866

Class 116
TS Derby "Suburban"

59032   TS

Class 101
TSL Metro-Cammell

59042   HA

Class 101
TBSL Metro-Cammell

59049   ED
59055   NC

Class 101
TSL Metro-Cammell

59061   HA
59065   CH
59072   NL

Class 101
TBSL Metro-Cammell

59074   ED
59077   NC
59079   NC
59080   NC
59084   NC

Class 101
TSL Metro-Cammell

59086   HA
59090   ED
59091   RG

Class 101
TBSL Metro-Cammell

59092   NC
59093   LA
59095   NC

Class 101
TSL Metro-Cammell

59101   RG
59104   HA
59105   RG
59107   CH

Class 101
TCL Metro-Cammell

59115   RG
59117   RG
59118   LA
59124   HA
59125   RG
59128   RG
59130   LA

Class 104
TCL Birmingham RC&W

59163   RG
59187   NL

Class 104
TSL Birmingham RC&W

59206   BY

Class 108
TBSL Derby
"Lightweight"

59245	CF
59246	NL
59248	CF
59249	NL
59250	NL

Class 101
TS Metro-Cammell

59302	HA
59303	CH
59304	HA
59306	RG

Class 116
TC Derby
"Suburban"

59335	TS
59344	TS
59353	TS
59367	TS

Class 108
TSL Derby
"Lightweight"

59381	LE
59382	LE
59383	LE
59384	LE
59385	CF
59386	LA
59387	NL
59388	LO
59389	LO
59390	LO

Class 119
TSLRB Gloucester
"Cross-Country"

59416	RG
59419	RG
59421	RG
59424	RG
59425	RG
59430	RG
59435	RG
59437	RG

Class 116
TC Derby
"Suburban"

59442	TS
59444	TS
59445	TS
59446	TS
59448	TS

Class 118
TCL Birmingham RC&W
"Suburban"

59473	TS
59481	TS
59483	TS

Class 117
TCL Pressed Steel "Suburban"

59484	RG
59485	RG
59486	TS
59487	RG
59488	RG
59489	RG
59490	TS
59491	RG
59492	TS
59493	RG
59494	RG
59495	RG
59496	RG
59497	RG
59498	RG
59499	RG
59500	TS
59501	RG
59502	RG
59503	RG
59504	TS
59505	TS
59506	RG
59507	RG
59508	RG
59509	TS
59510	RG
59511	RG
59512	TS
59513	RG
59514	RG
59515	RG
59516	TS
59517	TS
59518	RG
59519	RG
59520	TS
59521	TS
59522	TS

Class 101
TCL Metro-Cammell

59525	CH
59526	RG
59530	RG
59532	HA
59536	NC
59539	LA
59540	RG
59542	ED
59543	RG
59561	LA

Class 101
TSL Metro-Cammell

59570	RG

Class 127
TSL Derby
"Suburban"

59589	TS
59590	TS
59591	TS
59592	TS
59593	TS
59594	TS
59595	TS
59596	TS
59597	TS
59598	TS
59600	TS
59602	TS
59603	TS
59604	TS
59606	TS
59607	TS
59608	TS
59609	TS
59610	TS
59611	TS
59612	TS
59613	TS
59614	TS
59615	TS
59616	TS
59617	TS

Class 127
TS Derby
"Suburban"

59621	TSu
59622	TSu
59625	TS
59627	TSu
59629	TS
59631	TSu
59632	TS
59641	TS
59643	TS
59648	TS

Class 115
TS Derby
"Suburban"

59651	BY
59652	BY
59653	TSu
59654	BY
59655	BY
59656	BY
59657	BY
59658	TS
59659	BY
59660	BY
59661	TS
59662	BY
59663	BY

Class 115
TCL Derby
"Suburban"

59664	BY
59665	BY
59667	BY
59668	TS
59669	BY
59670	TS
59671	BY
59672	TS
59673	TS
59674	TS
59675	BY

59676	BY	**Class 115** TCL Derby "Suburban"	59740	BY	**Class 107** TSL Derby "Heavyweight"
59677	TS		59741	TS	
59678	BY		59743	TS	
			59744	TSu	
Class 101 TCL Metro- Cammell		59719	TS		59782	ED
		59720	TS	**Class 115**	59783	ED
		59721	TS	TCL Derby	59784	ED
		59722	TS	"Suburban"	59785	HA
59688	HA	59723	TS		59786	ED
		59724	TS	59745	TS	59789	HA
				59746	BY	59790	ED
Class 110 TSL Birmingham RC&W "Calder Valley"		**Class 115** TS Derby "Suburban"	59747	BY	59791	ED
			59749	BY	59792	ED
			59750	BY	59794	HAu
			59751	TS	59795	ED
59694	HT	59725	TSu	59752	BY	59796	ED
59696	CH	59726	TS	59753	TS	59797	ED
59701	NL	59727	BY	59754	BY	59800	HA
		59728	BY	59755	BY	59801	ED
Class 115 TS Derby "Suburban"		59729	BY	59756	TS	59802	ED
		59731	BY	59757	TS	59803	ED
		59732	BY	59758	BY	59804	ED
		59733	BY	59759	BY	59805	ED
59713	TS	59734	BY	59760	TS	59806	ED
59715	TSu	59735	BY	59761	BY	59807	ED
59716	TSu	59736	BY	59762	BY		
59717	TSu	59737	BY	59763	BY		
		59738	BY	59764	BY		

DIESEL ELECTRIC MULTIPLE UNITS

Class 203 4L		205015	SU	205033	EH	207010	EH
		205016	SU			207011	SU
203001	SU	205018	SU	**Class 205/1** 3H		207013	EH
(vehicle 60014 named St.Leonards)		205023	SU			207017	EH
		205024	SU	205101	SU	207019	SU
		205025	EH				
Class 205 3H		205026	EH	**Class 207** 3D			
		205027	EH				
205001	SU	205028	EH	207001	SU		
205002	SU	205029	EH	207002	SU		
205005	SU	205030	EH	207004	SU		
205008	SU	205031	EH	207005	EH		
205009	SU	205032	EH	207008	SU		
205012	SU						

ELECTRIC MULTIPLE UNITS

Class 487 Waterloo & City (Motor 51-62 Trailer 71-86)		53	WC	59	WC	73	WC
		54	WC	60	WC	74	WC
		56	WC	61	WC	75	WC
		57	WC	62	WC	76	WC
51	WC	58	WC	72	WC	77	WC

78	WC	1245	FR	1513	RE	1568	RE
80	WC	1246	FR	1514	RE	1569	RE
81	WC	1247	FR	1515	RE	1570	RE
83	WC	1249	FR	1516	RE	1571	RE
84	WC	1252	FR	1517	RE	1572	RE
85	WC	1253	FR	1518	RE	1573	RE
86	WC	1254	FR	1519	RE	1574	RE
		1255	SU	1520	RE	1575	RE

Set Nos:

Class 421/1
4-CIG

1100		1256	BI	1521	RE	1576	RE
1105	BI	1257	BI	1522	RE	1577	RE
1110	BI	1258	FR	1523	RE	1578	RE
1111	BI	1259	FR	1524	RE	1579	RE
1114	BI	1260	FR	1525	RE	1580	RE
1116	BI	1261	FR	1526	RE	1581	RE
1118	BI	1262	BI	1527	RE	1582	RE
1123	BI	1263	BI	1528	RE	1583	RE
1127	BI	1264	BI	1529	RE	1584	RE
		1266	BI	1530	RE	1585	RE
		1268	BI	1531	RE	1586	RE
		1269	BI	1532	RE	1587	RE
		1270	BI	1533	RE	1588	RE
		1271	BI	1534	RE	1589	RE
		1272	BI	1535	RE	1590	RE

Class 421/2
4-CIG

		1274	BI	1536	RE	1591	RE
		1275	BI	1537	RE	1592	RE
1201	BI	1277	BI	1538	RE	1593	RE
1202	BI	1281	BI	1539	RE	1594	RE
1203	BI	1285	BI	1540	RE	1595	RE
1204	BI	1286	BI	1541	RE	1596	RE
1205	BI	1287	BI	1542	RE	1597	RE
1206	BI	1288	BI	1543	RE	1598	RE
1208	FR	1289	BI	1544	RE	1599	RE
1209	FR	1291	BI	1545	RE	1600	RE
1210	FR	1292	BI	1546	RE	1601	RE
1211	FR	1293	BI	1547	RE	1602	RE
1212	FR	1294	BI	1548	RE	1603	RE
1213	FR	1295	BI	1549	RE	1604	RE
1214	FR			1550	RE	1605	RE
1215	FR	**Class 411**		1551	RE	1606	RE
1216	FR	Refurbished		1552	RE	1607	RE
1217	FR	4-CEP		1553	RE	1608	RE
1218	FR			1554	RE	1609	RE
1219	FR	1500	RE	1555	RE	1610	RE
1220	FR	1501	RE	1556	RE	1611	RE
1221	FR	1502	RE	1557	RE	1612	RE
1222	FR	1503	RE	1558	RE	1613	RE
1223	FR	1504	RE	1559	RE	1614	RE
1224	FR	1505	RE	1560	RE	1615	RE
1225	FR	1506	RE	1561	RE	1616	RE
1226	FR	1507	RE	1562	RE	1617	RE
1238	FR	1508	RE	1563	RE	1618	RE
1241	FR	1509	RE	1564	RE	1619	RE
1243	FR	1510	RE	1565	RE	1620	RE
1244	FR	1511	RE	1566	RE	1621	RE
		1512	RE	1567	RE		

Class 421/3 Facelifted 4-CIG		**Class 421/4** *421/5 Facelifted 4-CIG		2255 (1290)	BI	* Name on these units can be found on the buffet car.
				2256 (1297)	BI	
				2257 (1279)	BI	
1701	BI			2258 (1296)	BI	
1702	BI	1801	BI	2259 (1298)	BI	
1703	BI	1802	BI	2260 (1299)	BI	**Class 423** 4-VEP
1704	BI	1803	BI	2261 (1300)	BI	
1705	BI	1804	BI			
1706	BI	1805	BI			3001	BM
1707	BI	1806	BI			3002	BM
1708	BI	1807	BI	**Class 412** Refurbished 4-BEP		3003	BM
1709	BI	1808	BI			3006	BM
1710	BI	1809	BI			3007	BM
1711	BI	1810	BI	2301	FR	3008	BM
1712	BI	1811	BI	2302	FR	3009	BM
1713	BI	1812	BI	2303	FR	3010	BM
1714	BI	1813	BI	2304	FR	3011	BM
1715	BI	1814 *	FR	2305	FR	3012	BM
1716	BI	1815 *	FR	2306	FR	3013	BM
1717	BI	1816 *	FR	2307	FR	3014	BM
1718	BI	1817 *	FR			3015	BM
1719	BI	1818 *	FR			3016	BM
1720	BI	1819 *	FR	**Class 442** (Bournemouth Express)		3017	BM
1721	BI	1820 *	BI			3018	BM
1722	BI	1821 *	BI			3019	BM
1723	BI	1822 *	BI			3020	BM
1724	BI	1823 *	BI	2401 *	BM	3026	BM
1725	BI	1824 *	FR	Beaulieu		3030	BM
1726	BI	1825 *	BI	2402 *	BM	3032	BM
1727	BI			County of Hampshire		3033	BMu
1728	BI	**Class 431** 4-REP				3034	BM
1729	BI			2403	BM	3035	BM
1730	BI			2404	BM	3037	BM
1731	BI	1901 BM		2405	BM	3046	BM
1732	BI	1902 BM		2406	BM	3068	FR
		1903 BM		2407	BM	3069	FR
				2408	BM	3075	WD
		Class 422/2 4-BIG		2409	BM	3077	WD
				2410	BM	3078	WD
Class 421/6 4-CIG		2203	BI	2411	BM	3080	BI
		2204	BI	2412	BM	3088	BI
		2205	BI	2413	BM	3092	BI
1751 (2101)	BI	2206	BI	2414	BM	3093	BI
1752 (2102)	BI	2208	BI	2415	BM	3094	BI
1753 (2103)	BI	2209	BI	2416	BM	3095	BI
1754 (2104)	BI	2210	BI	2417	BM	3096	BI
1755 (2105)	BI			2418	BM	3097	BI
1756 (2106)	BI	**Class 422/3** 4-BIG		2419 *	BM	3098	BI
1757 (2107)	BI			BBC South Today		3099	BI
1758 (2108)	BI			2420	BM	3107	BI
1759 (2109)	BI	2251 (1276)	BI	2421	BM	3112	BI
1760 (2110)	BI	2252 (1278)	BI	2422	BM	3113	WD
1761 (2111)	BI	2253 (1284)	BI	2423	BM	3114	BI
1762 (2112)	BI	2254 (1282)	BI	2424	BM	3115	BI
						3116	WD

3117	WD	3192	RE	3436(3029)	BI	3491(3076)	RE
3118	WD	3193	RE	3437(3027)	BI	3492(3129)	RE
3120	WD	3194	RE	3438(3100)	BI	3493(3130)	RE
3121	WD			3439(3055)	BI	3494(3133)	RE
3125	WD	**Class 413/2**		3440(3102)	BI	3495(3145)	RE
3134	BI	4-CAP		3441(3043)	BI	3496(3132)	RE
3135	BI			3442(3081)	BI	3497(3131)	RE
3137	BI	3201	GI	3443(3082)	BI	3498(3146)	RE
3138	RE	3202	GI	3444(3038)	BI	3499(3174)	RE
3139	BI	3203	GI	3445(3060)	RE	3500(3070)	RE
3140	BI	3204	GI	3446(3101)	RE	3501(3091)	BI
3141	BI	3205	GI	3447(3044)	RE	3502(3150)	BI
3142	BI	3206	GI	3448(3042)	RE	3503(3136)	BI
3144	WD	3207	GI	3449(3022)	RE	3504(3151)	WD
3147	BI	3208	GI	3450(3065)	RE	3505(3071)	SU
3148	BI	3209	GI	3451(3079)	RE	3506( )	
3149	BI	3210	GI	3452(3024)	RE	3507( )	
3152	BI	3211	GI	3453(3045)	RE	3508( )	
3153	WD	3212	GI	3454(3049)	RE	3509( )	
3154	WD	3213	GI	3455(3048)	FR	3510( )	
3155	WD			3456(3063)	FR	3511( )	
3156	WD	**Class 413/3**		3457(3050)	FR	3512( )	
3157	WD	4-CAP		3458(3051)	FR	3513( )	
3158	WD			3459(3052)	FR	3514( )	
3159	WD	3301	GI	3460(3105)	BI	3515( )	
3160	WD	3302	GI	3461(3104)	BI		
3161	RE	3303	GI	3462(3103)	BI		
3162	RE	3304	GI	3463(3053)	BI		
3163	RE	3305	GI	3464(3056)	BI		
3164	RE	3306	GI	3465(3106)	BI	**Class 414**	
3165	RE	3307	GI	3466(3067)	WD	2-HAP	
3166	RE	3308	GI	3467(3058)	WD		
3167	RE	3309	GI	3468(3059)	WD	4201	WD
3169	RE	3310	GI	3469(3108)	BI	4301	WD
3170	RE	3311	GI	3470(3083)	WD	4302	WD
3171	RE			3471(3084)	RE	4303	WD
3172	RE	**Class 423/1**		3472(3085)	RE	4304	WD
3173	RE	4-VEP		3473(3086)	RE	4305	WD
3175	RE			3474(3087)	RE	4306	WD
3176	RE	3405(3005)	BM	3475(3111)	RE	4307	WD
3177	RE	3421(3168)	RE	3476(3109)	BI	4308	WD
3178	RE	3422(3040)	RE	3477(3110)	BI	4309	WD
3179	RE	3423(3061)	RE	3478(3122)	WD	4310	WD
3180	RE	3424(3031)	RE	3479(3125)	WD	4311	WD
3181	RE	3425(3023)	BM	3480(3072)	WD	4312	WD
3182	RE	3426(3047)	BM	3481(3119)	WD	4313	WD
3183	RE	3427(3041)	BM	3482(3124)	WD	4314	WD
3184	RE	3428(3062)	BM	3483(3126)	WD	4315	WD
3185	RE	3429(3021)	BM	3484(3073)	WD	4316	WD
3186	RE	3430(3028)	WD	3485(3089)	WD	4317	WD
3187	RE	3431(3064)	WD	3486(3074)	WD	4318	WD
3188	RE	3432(3054)	WD	3487(3090)	WD	4319	WD
3189	RE	3433(3057)	WD	3488(3127)	WD	4320	WD
3190	RE	3434(3066)	WD	3489(3128)	WD	4321	WD
3191	RE	3435(3025)	BI	3490(3143)	WD	4322	WD

Class 405
4-SUB

4732 BI

Note: This unit is painted green and is kept for special workings.

Class 415/1
4-EPB

5104	SG
5107	SG
5113	SG
5114	SG
5115	SG
5121	SG
5124	SG
5126	SG
5131	SG
5133	SG
5134	SG
5138	SG
5139	SG
5145	SG
5146	SG
5148	SG
5150	SG
5153	SG
5154	SG
5155	SG
5156	SG
5157	SG
5159	SG
5160	SG
5163	SG
5166	SG
5168	SG
5169	SG
5170	SG
5173	SG
5174	SG
5176	SG
5177	SG
5182	SG
5185	SG
5189	SG
5190	SG
5191	SG
5194	SG
5195	SG
5196	SG
5201	SG
5202	SG
5209	SG
5210	SG
5213	SG
5217	SG
5220	SG
5222	SG
5223	SG
5226	SG
5228	SG
5229	SG
5230	SG
5231	SG
5232	SG
5240	SG
5242	SG
5243	SG
5248	SG
5261	SG
5264	SG
5265	SG
5266	SG
5267	SG
5268	SG
5269	SG
5270	SG
5271	SG
5272	SG
5273	SG
5274	SG
5275	SG
5276	SG
5277	SG

Class 415/4
Facelifted 4-EPB

5401	SU
5402	SU
5403	SU
5404	SU
5405	SU
5406	SU
5407	SU
5408	SU
5409	SU
5410	SU
5411	SU
5412	SU
5413	SU
5414	SU
5415	SU
5416	SU
5417	SU
5418	SU
5419	SU
5420	SU
5421	SU
5422	SU
5423	SU
5424	SU
5425	SU
5426	SU
5427	SU
5428	SU
5429	SU
5430	SU
5431	SU
5432	SU
5433	SU
5434	SU
5435	SU
5436	SU
5437	SU
5438	SU
5439	SU
5440	SU
5441	SU
5442	SU
5443	SU
5444	SU
5445	SU
5446	SU
5447	SU
5448	SU
5449	SG
5450	SG
5451	SG
5452	SG
5453	SG
5454	SG
5455	SG
5456	SG
5457	SG
5458	SG
5459	SG
5460	SG
5461	SG
5462	SG
5463	SG
5464	SG
5465	SG
5466	SG
5467	SG
5468	SG
5469	SG
5470	SG
5471	SG
5472	SG
5473	SG
5474	SG
5475	SG
5476	SG
5477	SG
5478	SG
5479	SG
5480	SG
5481	SG
5482	SG
5483	SG
5484	SG
5485	SG
5486	SG
5487	SG
5488	SG
5489	SG
5490	SG
5491	SG
5492	SG
5493	SG
5494	SG
5495	SG
5496	SG
5497	SG

Class 415/5
4-EPB

5501	SG
5502	SG
5503	SG
5504	SG
5505	SG
5506	SG
5507	SG
5508	SG
5509	SG
5510	SG
5511	SG
5512	SG
5513	SG
5514	SG
5515	SG
5516	SG
5517	SG
5518	SG
5519	SG
5520	SG
5521	SG
5522	SG
5523	SG
5524	SG
5525	SG
5526	SG

5527	SG	5714	WD	5823	SU	**Class 455/9**	
5528	SG	5715	WD	5824	SU		
5529	SG	5716	WD	5825	SU	5901	WD
5530	SG	5717	WD	5826	SU	5902	WD
5531	SG	5718	WD	5827	SU	5903	WD
5532	SG	5719	WD	5828	SU	5904	WD
		5720	WD	5829	SU	5905	WD
Class 415/6		5721	WD	5830	SU	5906	WD
4-EPB		5722	WD	5831	SU	5907	WD
		5723	WD	5832	SU	5908	WD
5601	SG	5724	WD	5833	SU	5909	WD
5602	SG	5725	WD	5834	SU	5910	WD
5603	SG	5726	WD	5835	SU	5911	WD
5604	SG	5727	WD	5836	SU	5912	WD
5605	SG	5728	WD	5837	WD	5913	WD
5606	SG	5729	WD	5838	WD	5914	WD
5610	SG	5730	WD	5839	WD	5915	WD
5611	SG	5731	WD	5840	WD	5916	WD
5612	SG	5732	WD	5841	WD	5917	WD
5613	SG	5733	WD	5842	WD	5918	WD
5614	SG	5734	WD	5843	WD	5919	WD
5615	SG	5735	WD	5844	WD	5920	WD
5616	SG	5736	WD	5845	WD		
5617	SG	5737	WD	5846	WD	**Class 416/2**	
5618	SG	5738	WD	5847	WD	2-EPB	
5619	SG	5739	WD	5848	WD		
5620	SG	5740	WD	5849	WD	6202	SG
5621	SG	5741	WD	5850	WD	6203	SG
5622	SG	5742	WD	5851	WD	6205	SG
5623	SG	5743	WD	5852	WD	6207	SG
5624	SG			5853	WD	6212	SG
5625	SG	**Class 455/8**		5854	WD	6213	SG
				5855	WD	6217	SG
Class 415/7		5801	SU	5856	WD	6218	SG
4-EPB		5802	SU	5857	WD	6221	SG
		5803	SU	5858	WD	6222	SG
5626	RE	5804	SU	5859	WD	6223	SG
5627	RE	5805	SU	5860	WD	6224	SG
5628	RE	5806	SU	5861	WD	6225	SG
		5807	SU	5862	WD	6226	SG
Class 455/7		5808	SU	5863	WD	6227	SG
		5809	SU	5864	WD	6229	SG
5701	WD	5810	SU	5865	WD	6230	SG
5702	WD	5811	SU	5866	WD	6231	SG
5703	WD	5812	SU	5867	WD	6235	SG
5704	WD	5813	SU	5868	WD	6236	SG
5705	WD	5814	SU	5869	WD	6237	SG
5706	WD	5815	SU	5870	WD	6238	SG
5707	WD	5816	SU	5871	WD	6239	SG
5708	WD	5817	SU	5872	WD	6240	SG
5709	WD	5818	SU	5873	WD	6241	SG
5710	WD	5819	SU	5874	WD	6243	SG
5711	WD	5820	SU			6244	SG
5712	WD	5821	SU			6245	SG
5713	WD	5822	SU			6247	SG

6249	SG	6325	SU	**Class 488**	
6251	SG	6326	SU	Victoria-Gatwick Sets	
6253	SG	6327	SU		
6255	SG	6328	SU	**488/2**	
6256	SG	6329	SU		
6257	SG	6330	SU	8201	SL	72500/72638
6259	SG	6331	SU	8202	SL	72501/72639
6260	SG	6332	SU	8203	SL	72502/72640
6261	SG	6333	SU	8204	SL	72503/72641
6262	SG	6334	SU	8205	SL	72504/72628
6263	SG	6335	SU	8206	SL	72505/72629
6264	SG			8207	SL	72506/72642
6265	SG			8208	SL	72507/72643
6267	SG			8209	SL	72508/72644
6268	SG			8210	SL	72509/72635

Class 416/4
Facelifted 2-EPB

6401	SG
6402	SG
6403	SG
6404	SG
6405	SG
6406	SG
6407	SG
6408	SG
6409	SG
6410	SG
6411	SG
6412	SG
6413	SG
6414	SG
6415	SG
6416	SG
6417	SG
6418	SG

6269 SG
6270 SG
6271 SG
6272 SG
6273 SG
6274 SG
6275 SG
6276 SG
6277 SG
6278 SG

488/3

8302	SL	72602/72701/72604
8303	SL	72603/72702/72608
8304	SL	72606/72703/72611
8305	SL	72605/72704/72609
8306	SL	72607/72705/72610
8307	SL	72612/72706/72613
8308	SL	72614/72707/72615
8309	SL	72616/72708/72617
8310	SL	72618/72709/72619
8311	SL	72620/72710/72621
8312	SL	72622/72711/72623
8313	SL	72624/72712/72625
8314	SL	72626/72713/72627
8315	SL	72636/72714/72645
8316	SL	72630/72715/72631
8317	SL	72632/72716/72633
8318	SL	72634/72717/72637
8319	SL	72646/72718/72647

Class 416/3
2-EPB

6301	SU
6302	SU
6303	SU
6304	SU
6305	SU
6306	SU
6307	SU
6308	SU
6309	SU
6310	SU
6311	SU
6312	SU
6314	SU
6315	SU
6316	SU
6317	SU
6318	SU
6319	SU
6320	SU
6321	SU
6323	SU
6324	SU

Class 438
4-TC

8001	BM
8004	BM
8006	BM
8010	BM
8012	BM
8014	BM
8015	BM
8017	BM
8018	BM
8023	BM
8027	BM
8028	BM

Class 419
MLV

9001	RE
9002	RE
9003	RE
9004	RE
9005	RE
9006	RE
9007	RE
9008	RE
9009	RE
9010	RE

Class 489
GLV Victoria-Gatwick

9101	SL
9102	SL
9103	SL
9104	SL
9105	SL
9106	SL
9107	SL
9108	SL
9109	SL
9110	SL

Class 504		485042	RY	302267	EM	303049	LG
		485043	RY	302272	EM	303052	GW
65444	BQ	485044	RY	302273	EM	303054	GW
65445	BQ	485045	RY	302274	EM	303055	GW
65446	BQ			302280	IL	303056	GW
65447	BQ	**Class 302**		302282	ILu	303058	GW
65449	BQ			302283	EM	303060	LG
65450	BQ	302200	EM	302284	EMu	303061	GW
65451	BQ	302201	EM	302285	EM	303062	GW
65452	BQ	302202	EM	302286	EM	303063	GW
65453	BQ	302203	EM	302289	EMu	303065	GW
65454	BQ	302204	EM	302292	IL	303066	LG
65455	BQ	302205	EM	302296	IL	303069	GW
65456	BQ	302206	EM	302298	EM	303070	GW
65457	BQ	302207	EM			303072	GW
65458	BQ	302208	EM	**302/9**		303073	GW
65459	BQ	302209	EM			303075	GW
65460	BQ	302210	EM	302990	IL	303076	GW
65461	BQ	302211	EM	302991	IL	303077	GW
77165	BQ	302212	EM	302992	IL	303079	GW
77166	BQ	302213	EM			303080	GW
77167	BQ	302214	EM	**Class 303**		303082	LG
77168	BQ	302215	EM			303083	GW
77170	BQ	302216	EM	303001	GW	303085	GW
77171	BQ	302217	EM	303003	GW	303087	GW
77172	BQ	302218	EM	303004	GW	303088	GW
77173	BQ	302219	EM	303006	GW	303089	GW
77174	BQ	302220	EM	303008	GW	303090	GW
77175	BQ	302221	EM	303009	GW	303091	GW
77176	BQ	302222	EM	303010	GW		
77177	BQ	302223	EM	303011	GW	**Class 304**	
77178	BQ	302224	EM	303012	GW		
77179	BQ	302225	EM	303013	GW	304001	LG
77180	BQ	302226	EM	303014	GW	304002	LG
77181	BQ	302227	EM	303016	GW	304003	LG
77182	BQ	302228	EM	303019	GW	304004	LG
		302229	EM	303020	GW	304005	LG
483/0		302230	EM	303021	GW	304006	LG
		302234	EM	303023	GW	304007	LG
483001	RY	302239	EM	303024	GW	304008	LG
483002	RY	302244	IL	303025	GW	304009	LG
483003	RY	302249 *	EM	303027	GW	304010	LG
483004	RY	302250	EM	303028	GW	304011	LG
483005		302251	EM	303029	GW	304012	LG
483006		302252	IL	303032	GW	304013	LG
483007		302253	EM	303034	GW	304014	LG
483008		302254 *	IL	303037	GW	304015	LG
483009		302255	EM	303038	GW	304016	LG
483010		302256 *	IL	303039	GW	304017	LG
		302257	ILu	303040	GW	304019	LG
Class 485		302258	ILu	303043	GW	304020	LG
5-VEC		302259	EM	303045	GW	304021	LG
Set Nos		302261	EM	303046	GW	304023	LG
		302262	EM	303047	GW	304024	LG
485041	RY	302264	ILu	303048	GW	304027	LG

304028	LG	305513	EM	307121	ILs	**Class 309/1**	
304029	LG	305514	EM	307122	IL	Essex Express	
304030	LG	305515	EM	307123	IL	Stock	
304032	LG	305516	EM	307124	IL		
304033	LG	305517	EM	307125	IL	309601	CC
304034	LG	305518	EM	307126	IL	309602	CC
304035	LG	305519	EM	307127	IL	309603	CC
304036	LG			307128	IL	309604	CC
304037	LG	**Class 305/3**		307129	IL	309605	CC
304039	LG	*used as a mobile		307130	IL	309606	CC
304040	LG	classroom		307131	IL	309607	CC
304041	LG			307132	IL	309608	CC
304042	LG	305521	EM				
304043	LG	305522	EM	**Class 308/1**		**Class 309/2**	
304044	LG	305523	EM			Essex Express	
304045	LG	305524	EM	308133	EM	Stock	
		305525	EM	308134	EM		
Class 305/1		305526	EM	308135	EM	309611	CC
		305527	EM	308136	EM	309612	CC
305401	IL	305528	EM	308137	EM	309613	CC
305402	IL	305935 *	IL	308138	EM	309614	CC
305403	IL			308139	EM	309615	CC
305404	IL	**Class 306**		308140	EM	309616	CC
305405	IL			308141	EM	309617	CC
305406	IL	306017	IL	308142	EM	309618	CC
305407	IL			308143	EM	309621	CC
305408	IL	**Note:** This unit		308144	EM	309622	CC
305409	IL	is painted		308145	EM	309623	CC
305410	IL	green and is		308146	EM	309624	CC
305411	IL	used for		308147	EM	309625	CC
305412	IL	special		308148	IL	309626	CC
305413	IL	workings.		308149	IL	309627	CC
305414	IL			308150	IL		
305415	IL	**Class 307**		308151	EM	**Class 310**	
305416	IL			308152	EM		
305417	IL	307101	ILs	308153	EM	310046	EM
305418	IL	307102	IL	308154	EM	310047	EM
305419	IL	307103	IL	308155	EM	310049	EM
305420	IL	307104	IL	308156	EM	310050	EM
305421	IL	307105	IL	308157	EM	310051	BY
305422	IL	307106	ILs	308158	EM	310052	EM
		307107	IL	308159	EM	310056	EM
Class 305/2		307108	IL	308160	EM	310057	EM
		307109	IL	308161	EM	310058	EM
305501	EM	307110	IL	308162	EM	310059	EM
305502	EM	307111	IL	308163	EM	310060	BY
305503	EM	307112	IL	308164	EM	310061	EM
305504	IL	307113	IL	308165	EM	310064	EM
305505	IL	307114	IL			310065	EM
305506	EM	307115	IL	**Class 308/2**		310066	EM
305507	EM	307116	IL	*in departmental		310067	EM
305508	EM	307117	IL	use		310068	EM
305509	EM	307118	IL			310069	EM
305510	EM	307119	IL	308991 *	IL	310070	EM
305511	IL	307120	IL	308993	IL	310074	EM
305512	IL						

310075	EM	312708	CC	313008	BY	313063	HE
310077	EM	312709	CC	313009	BY	313064	HE
310079	EM	312710	CC	313010	BY		
310080	EM	312711	CC	313011	BY	**Class 314**	
310081	EM	312712	CC	313012	BY		
310082	EM	312713	CC	313013	BY	314201	GW
310083	EM	312714	CC	313014	BY	314202	GW
310084	EM	312715	CC	313015	BY	314203	GW
310085	EM	312716	CC	313016	BY	314204	GW
310086	BY	312717	CC	313017	BY	314205	GW
310087	EM	312718	CC	313018	HE	314206	GW
310088	EM	312719	CC	313019	HE	314207	GW
310089	EM	312720	CC	313020	HE	314208	GW
310092	EM	312721	CC	313021	BY	314209	GW
310092	CC	312722	CC	313022	BY	314210	GW
310093	CC	312723	CC	313023	BY	314211	GW
310094	CC	312724	CC	313024	HE	314212	GW
310095	CC	312725	CC	313025	HE	314213	GW
		312726	CC	313026	HE	314214	GW
		312727	CC	313027	HE	314215	GW
Class 310/1		312728	CC	313028	HE	314216	GW
		312729	CC	313029	HE		
310101(310073)BY		312730	CC	313030	HE	**Class 315**	
310102(310055)BY				313031	HE		
310103(310076)BY		**Class 312/1**		313032	HE	315801	IL
310104(310078)BY				313033	HE	315802	IL
310105(310090)BY		312781	CC	313034	HE	315803	IL
310106(310072)BY		312782	CC	313035	HE	315804	IL
310107(310062)BY		312783	CC	313036	HE	315805	IL
310108(310048)BY		312784	CC	313037	HE	315806	IL
310109(310053)BY		312785	CC	313038	HE	315807	IL
310110(310054)BY		312786	CC	313039	HE	315808	IL
310111(310063)BY		312787	CC	313040	HE	315809	IL
		312788	CC	313041	HE	315810	IL
Class 311		312789	CC	313042	HE	315811	IL
		312790	CC	313043	HE	315812	IL
311098	GW	312791	CC	313044	HE	315813	IL
311099	GW	312792	CC	313045	HE	315814	IL
311102	GW	312793	CC	313046	HE	315815	IL
311103	GW	312794	CC	313047	HE	315816	IL
311104	GW	312795	CC	313048	HE	315817	IL
311105	GW	312796	CC	313049	HE	315818	IL
311107	GW	312797	CC	313050	HE	315819	IL
311108	GW	312798	CC	313051	HE	315820	IL
311109	GW	312799	CC	313052	HE	315821	IL
311110	GW			313053	HE	315822	IL
				313054	HE	315823	IL
Class 312/0		**Class 313**		313055	HE	315824	IL
				313056	HE	315825	IL
312701	CC	313001	BY	313057	HE	315826	IL
312702	CC	313002	BY	313058	HE	315827	IL
312703	CC	313003	BY	313059	HE	315828	IL
312704	CC	313004	BY	313060	HE	315829	IL
312705	CC	313005	BY	313061	HE	315830	IL
312706	CC	313006	BY	313062	HE	315831	IL
312707	CC	313007	BY				

315832	IL	317319	HE	317371	HE	319027	SU
315833	IL	317320	HE	317372	HE	319028	SU
315834	IL	317321	HE			319029	SU
315835	IL	317322	HE	**Class 318**		319030	SU
315836	IL	317323	HE			319031	SU
315837	IL	317324	HE	318250	GW	319032	SU
315838	IL	317325	HE	318251	GW	319033	SU
315839	IL	317326	HE	318252	GW	319034	SU
315840	IL	317327	HE	318253	GW	319035	SU
315841	IL	317328	HE	318254	GW	319036	SU
315842	IL	317329	HE	318255	GW	319037	SU
315843	IL	317330	HE	318256	GW	319038	SU
315844	IL	317331	HE	318257	GW	319039	SU
315845	IL	317332	HE	318258	GW	319040	SU
315846	IL	317333	HE	318259	GW	319041	SU
315847	IL	317334	HE	318260	GW	319042	SU
315848	IL	317335	HE	318261	GW	319043	SU
315849	IL	317336	HE	318262	GW	319044	SU
315850	IL	317337	HE	318263	GW	319045	SU
315851	IL	317338	HE	318264	GW	319046	SU
315852	IL	317339	HE	318265	GW	319047	SU
315853	IL	317340	HE	318266	GW	319048	SU
315854	IL	317341	HE	318267	GW	319049	SU
315855	IL	317342	HE	318268	GW	319050	SU
315856	IL	317343	HE	318269	GW	319051	SU
315857	IL	317344	HE	318270	GW	319052	SU
315858	IL	317345	HE			319053	SU
315859	IL	317346	HE	**Class 319**		319054	SU
315860	IL	317347	HE			319055	SU
315861	IL	317348	HE	319001	SU	319056	SU
				319002	SU	319057	SU
Class 316		**Class 317/2**		319003	SU	319058	SU
				319004	SU	319059	SU
316999(7001)	CC	317349	HE	319005	SU	319060	SU
		317350	HE	319006	SU		
Class 317/1		317351	HE	319007	SU	**319/1**	
		317352	HE	319008	SU		
317301	BY	317353	HE	319009	SU	319161	
317302	BY	317354	HE	319010	SU	319162	
317303	BY	317355	HE	319011	SU	319163	
317304	HE	317356	HE	319012	SU	319164	
317305	HE	317357	HE	319013	SU	319165	
317306	HE	317358	HE	319014	SU	319166	
317307	HE	317359	HE	319015	SU	319167	
317308	HE	317360	HE	319016	SU	319168	
317309	BY	317361	HE	319017	SU	319169	
317310	HE	317362	HE	319018	SU	319170	
317311	HE	317363	HE	319019	SU	319171	
317312	HE	317364	HE	319020	SU	319172	
317313	HE	317365	HE	319021	SU	319173	
317314	HE	317366	HE	319022	SU	319174	
317315	HE	317367	HE	319023	SU	319175	
317316	HE	317368	HE	319024	SU	319176	
317317	HE	317369	HE	319025	SU	319177	
317318	HE	317370	HE	319026	SU	319178	

319179		321315	IL	321370		322482
319180		321316	BY	321371		322483
319181		321317	BY			322484
319182		321318	BY	**Class 321/4**		322485
319183		321319	BY			
319184		321320	IL	321401	BY	**Class 456**
319185		321321	IL	321402	BY	(2-Car Units on
319186		321322	IL	321403	BY	order)
		321323	IL	321404	BY	
Class 320		321324	IL	321405	BY	456001
(3-Car units		321325	IL	321406	BY	456002
ordered for		321326	IL	321407	BY	456003
Strathclyde PTA		321327	IL	321408	BY	456004
Glasgow)		321328	IL	321409	BY	456005
		321329	IL	321410	BY	456006
320301		321330	IL	321411	BY	456007
320302		321331	IL	321412	BY	456008
320303		321332	IL	321413	BY	456009
320304		321333	IL	321414	BY	456010
320305		321334	IL	321415	BY	456011
320306		321335	IL	321416	BY	456012
320307		321336	IL	321417	BY	456013
320308		321337	IL	321418	BY	456014
320309		321338	IL	321419	BY	456015
320310		321339	IL	321420	BY	456016
320311		321340	IL	321421	BY	456017
320312		321341	IL	321422	BY	456018
320313		321342	IL	321423	BY	456019
320314		321343	IL	321424	BY	456020
320315		321344	IL	321425	BY	456021
320316		321345	IL	321426	BY	456022
320317		321346	IL	321427	BY	456023
320318		321347	IL	321428	BY	456024
320319		321348		321429	BY	
320320		321349		321430	BY	**Class 507**
320321		321350		321431	BY	
320322		321351		321432	BY	507001	HR
		321352		321433	BY	507002	HR
		321353		321434	BY	507003	HR
Class 321/3		321354		321435	BY	507004	HR
		321355		321436	BY	507005	HR
321301	IL	321356		321437	BY	507006	HR
321302	IL	321357		321438	BY	507007	HR
321303	IL	321358		321439	BY	507008	HR
321304	IL	321359		321440	BY	507009	HR
321305	IL	321360		321441	BY	507010	HR
321306	IL	321361		321442	BY	507011	HR
321307	IL	321362		321443	BY	507012	HR
321308	IL	321363				507013	HR
321309	IL	321364		**Class 322**		507014	HR
321310	IL	321365		(4-Car Units		507015	HR
321311	IL	321366		ordered for Liver-		507016	HR
321312	IL	321367		pool St.-Stansted		507017	HR
Southend on Sea		321368		Airport)		507018	HR
321313	IL	321369				507019	HR
321314	IL			322481		

507020	HR	**Class 508**		508114	BD	508129	BD
507021	HR			508115	BD	508130	BD
507022	HR	508101	BD	508116	BD	508131	BD
507023	HR	508102	BD	508117	BD	508132	BD
507024	HR	508103	BD	508118	BD	508133	BD
507025	HR	508104	BD	508119	BD	508134	BD
507026	HR	508105	BD	508120	BD	508135	BD
507027	HR	508106	BD	508121	BD	508136	BD
507028	HR	508107	BD	508122	BD	508137	BD
507029	HR	508108	BD	508123	BD	508138	BD
507030	HR	508109	BD	508124	BD	508139	HR
507031	HR	508110	BD	508125	BD	508140	HR
507032	HR	508111	BD	508126	BD	508141	HR
507033	HR	508112	BD	508127	BD	508142	HR
		508113	BD	508128	BD	508143	HR

DEPARTMENTAL UNITS

Current No.	Former No.	Description.	Allocation.
DB 975007	E79018		
DB 975008	E79612	Ultrasonic Test Train	RG
RDB 975010	M79900	Lab.Coach "IRIS"	RTC
TDB 975023	W55001	Route Learning Car	OO
TDB 975025	S60755	General Manager's Saloon	SL
ADB 975032	M75165	CM&EE Test Coach "MARS"	SH
TDB 975042	M55019	Route Learning Car	BY
RDB 975089	M50396		
RDB 975090	M56162	Trim Track Recording Unit Lab.5	RTC
TDB 975227	M55017	Route Learning Car	TSu
DB 975349	E51116	Inspection Saloon	CA
ADB 975386	S60750	Tilting Test Lab.4	RTC
DB 975539	E56101	Inspection Saloon	CA
TDB 975540	W55016	Route Learning Car	TS
ADB 975586	S10907		
ADB 975587	S10908	Deicing Unit 004	EH
ADB 975588	S10981		
ADB 975589	S10982	Deicing Unit 005	WD
ADB 975590	S10833		
ADB 975591	S10834	Deicing Unit 006	WD
ADB 975592	S10993		
ADB 975593	S12659	Deicing Unit 007	GI
ADB 975594	S12658		
ADB 975595	S10994	Deicing Unit 003	SU
ADB 975596	S10844		
ADB 975597	S10897	Deicing Unit 008	AF
ADB 975598	S10989		
ADB 975599	S10990	Deicing Unit 009	BI
ADB 975600	S10988		
ADB 975601	S10843	Deicing Unit 010	BI
ADB 975602	S10991		
ADB 975603	S10992	Deicing Unit 011	RE
ADB 975604	S10939		

ADB 975605	S10940	Deicing Unit 012	FR
DB 975637	E56300	E.R.General Manager's Saloon	CA
TDB 975659	W55035	Route Learning Car	OO
DB 975664	E51122	E.R.General Manager's Saloon	CA
ADB 975844	S64305		
ADB 975849	S62426		
ADB 975850	S62429		
ADB 975851	S64304	Experimental Unit 057	SUu
ADB 975896	S11387		
ADB 975897	S11388	Deicing Unit 013	RE
ADB 977048	E56142	Sandite Coach	BX
ADB 977068	S14549		
ADB 977069	S16029	Tractor Unit 019	SG
ADB 977290	S65318		
ADB 977291	S65324	Tractor Unit 018	SG
ADB 977296	S65319		
ADB 977297	S77108	SR Tractor Unit 050	SH
ADB 977304	S65317		
ADB 977305	S65322	SR Tractor Unit 021	WD
DB 977335	S76277	Support Coach for DB 999550	SR
DB 977336	S76278	Support Coach for DB 999550	SR
ADB 977345	M61178		
ADB 977346	M75178	Sandite Unit	BD
ADB 977347	M61180		
ADB 977348	M75180	Sandite Unit BD	
ADB 977349	M61183		
ADB 977350	M75183	Sandite Unit	BD
ADB 977362	S10392	Trailer Deicing Coach	BI
ADB 977363	S10399	Trailer Deicing Coach	FR
ADB 977364	S10400	Trailer Deicing Coach	RE
ADB 977365	S10726		BM
ADB 977368	S10499	Deicing Unit 001	BM
ADB 977376	S60002		
ADB 977377	S60003		
ADB 977379	S60504	Sandite Unit 066	SU
ADB 977385	M61148		
ADB 977386	M75189	Sandite Unit	WN
DB 977391	E51433	Power Cars for Ultrasonic	RTC
DB 977392	E53167	Test Train	RTC
DB 977393	E53246	as above (waiting conversion) Cathays	
DB 977394	S65316	Traction Unit for DB 999550(waiting conversion)	
TDB 977466	W54286	Sandite Coach	CF
TDB 977486	W54285	Sandite Coach	CF
ADB 977505	S65321	Test Unit 054	SH
ADB 977506	S65323	Test Unit 053	SH
ADB 977507	S77110	Test Unit 054	SH
ADB 977508	S77112	Test Unit 053	SH
ADB 977531	S14047	Deicing Unit 015	WD
ADB 977532	S14048		
ADB 977533	S14273	Deicing Unit 016	AF
ADB 977534	S14384		
ADB 977535	E53259		
ADB 977536	E53295	Sandite Unit	HT

TDB 977554	M54182	Sandite Unit			BX
TDB 977555	M54183	Sandite Unit			BS
ADB 977559	S65313	Stores Unit 062			AF
ADB 977560	S65320				
ADB 977566	S65312	Sandite Unit 017			EH
ADB 977567	S65314				EH
ADB 977578	S77101				
ADB 977579	S77109	Sandite Unit			SU
ADB 977598	E75080				
ADB 977599	E61073				
ADB 977600	E75061	Sandite Unit 996			CC
ADB 977601	E75211				
ADB 977602	E61228				
ADB 977603	E75035	Sandite Unit 997			IL
ADB 977604	E75077				
ADB 977605	E61062				
ADB 977606	E75070	Sandite Unit 998			EM
TDB 977607	Sc51464	Route Learner/Sandite Unit			ED
TDB 977608	Sc51525	Route Learner/Sandite Unit			ED
ADB 977609	S65414	Tractor Unit(waiting conversion)			SR
ADB 977610	S77136	Tractor Unit(waiting conversion)			SR
ADB 977613	E51826	Sandite Unit			NL
ADB 977615	W54281	Sandite Unit			OO
DB 999600					
DB 999601		CE Track Recording Train			RTC
DB 999602	S62483	Instrument Coach			RTC
DB 999603	S62482	Instrument Coach(waiting conversion)Cathays			
RDB 999507		Wickham Built Laboratory			RTC

DIESEL MULTIPLE UNIT SET FORMATIONS

140001	55500	55501		141120	55520	55540
141101	55521	55541		142201	55542	55592
141102	55502	55522		142202	55543	55593
141103	55503	55523		142203	55544	55594
141104	55504	55524		142204	55545	55595
141105	55505	55525		142205	55546	55596
141106	55506	55526		142506	55547	55597
141107	55507	55527		142207	55548	55598
141108	55508	55528		142208	55549	55599
141109	55509	55529		142209	55550	55600
141110	55510	55530		142210	55551	55601
141111	55511	55531		142211	55552	55602
141112	55512	55532		142212	55553	55603
141813	55513	55533		142213	55554	55604
141114	55514	55534		142214	55555	55605
141115	55515	55535		142515	55556	55606
141116	55516	55536		142516	55557	55607
141117	55517	55537		142517	55558	55608
141118	55518	55538		142518	55559	55609
141119	55519	55539		142519	55560	55610

142520	55561	55611	142275	55725	55771
142521	55562	55612	142276	55726	55772
142522	55563	55613	142277	55727	55773
142523	55564	55614	142278	55728	55774
142524	55565	55615	142579	55729	55775
142525	55566	55616	142580	55730	55776
142526	55567	55617	142581	55731	55777
142527	55568	55618	142582	55732	55778
142228	55569	55619	142583	55733	55779
142229	55570	55620	142584	55734	55780
142230	55571	55621	142585	55735	55781
142231	55572	55622	142586	55736	55782
142232	55573	55623	142587	55737	55783
142233	55574	55624	142588	55738	55784
142534	55575	55625	142589	55739	55785
142535	55576	55626	142590	55740	55786
142536	55577	55627	142591	55741	55787
142537	55578	55628	142592	55742	55788
142538	55579	55629	142593	55743	55789
142539	55580	55630	142594	55744	55790
142540	55581	55631	142595	55745	55791
142541	55582	55632	142596	55746	55792
142542	55583	55633	143601	55642	55667
142543	55584	55634	143602	55643	55668
142544	55585	55635	143003	55644	55669
142545	55586	55636	143604	55645	55670
142546	55587	55637	143605	55646	55671
142547	55588	55638	143006	55647	55672
142548	55589	55639	143607	55648	55673
142549	55590	55640	143008	55649	55674
142550	55591	55641	143609	55650	55675
142551	55701	55747	143610	55651	55676
142252	55702	55748	143611	55652	55677
142253	55703	55749	143612	55653	55678
142254	55704	55750	143613	55654	55679
142255	55705	55751	143014	55655	55680
142256	55706	55752	143015	55656	55681
142257	55707	55753	143616	55657	55682
142258	55708	55754	143617	55658	55683
142259	55709	55755	143618	55659	55684
142560	55710	55756	143019	55660	55685
142261	55711	55757	143320	55661	55686
142562	55712	55758	143321	55662	55687
142563	55713	55759	143322	55663	55688
142564	55714	55760	143323	55664	55689
142565	55715	55761	143324	55665	55690
142266	55716	55762	143325	55666	55691
142567	55717	55763	144401	55801	55824
142568	55718	55764	144402	55802	55825
142569	55719	55765	144403	55803	55826
142270	55720	55766	144404	55804	55827
142571	55721	55767	144405	55805	55828
142272	55722	55768	144406	55806	55829
142573	55723	55769	144407	55807	55830
142274	55724	55770	144408	55808	55831

144709	55809	55832		150138	52138	57138	
144710	55810	55833		150139	52139	57139	
144711	55811	55834		150140	52140	57140	
144712	55812	55835		150141	52141	52205	57141
144713	55813	55836		150142	52142	57212	57142
144414	55814	55850	55837	150143	52143	57143	
144415	55815	55851	55838	150144	52144	57205	57144
144416	55816	55852	55839	150145	52145	57253	57145
144417	55817	55853	55840	150146	52146	52253	57146
144418	55818	55854	55841	150147	52147	57147	
144419	55819	55855	55842	150148	52148	52241	57148
144420	55820	55856	55843	150149	52149	57241	57149
144421	55821	55857	55844	150150	52150	57150	
144422	55822	55858	55845				
144423	55823	55859	55846	150201	52201	57201	
				150202	52202	52220	57202
150001	55200	55400	55300	150203	52203	57203	
				150204	52204	57220	57204
150101	52101	57101		150206	52206	52222	57206
150102	52102	57102		150207	52207	57207	
150103	52103	57103		150208	52208	57208	
150104	52104	57104		150210	52210	57222	57210
150105	52105	57105		150211	52211	57211	
150106	52106	57106		150213	52213	57213	
150107	52107	57107		150214	52214	52243	57214
150108	52108	57108		150215	52215	57215	
150109	52109	57109		150216	52216	57243	57216
150110	52110	57110		150217	52217	57217	
150111	52111	57111		150218	52218	57209	57218
150112	52112	57112		150219	52219	57219	
150113	52113	57113		150221	52221	57221	
150114	52114	57114		150223	52223	57223	
150115	52115	57115		150224	52224	57224	
150116	52116	57116		150225	52225	57225	
150117	52117	57117		150226	52226	57226	
150118	52118	57118		150227	52227	57227	
150119	52119	57119		150228	52228	57228	
150120	52120	57120		150229	52229	57229	
150121	52121	57121		150230	52230	57230	
150122	52122	57122		150231	52231	57231	
150123	52123	57123		150232	52232	57232	
150124	52124	57124		150233	52233	57233	
150125	52125	57125		150234	52234	57234	
150126	52126	57126		150235	52235	57235	
150127	52127	57127		150236	52236	57236	
150128	52128	57128		150237	52237	57237	
150129	52129	57129		150238	52238	57238	
150130	52130	57130		150239	52239	57239	
150131	52131	57131		150240	52240	57240	
150132	52132	57132		150242	52242	57242	
150133	52133	57133		150244	52244	57244	
150134	52134	57134		150245	52245	57245	
150135	52135	57135		150246	52246	57246	
150136	52136	57136		150247	52247	57247	
150137	52137	57137		150248	52248	57248	

150249	52249	57249	
150250	52250	57250	
150251	52251	57251	
150252	52252	57252	
150254	52254	57254	
150255	52255	57255	
150256	52256	57256	
150257	52257	57257	
150258	52258	57258	
150259	52259	57259	
150260	52260	57260	
150261	52261	57261	
150262	52262	57262	
150263	52263	57263	
150264	52264	57264	
150265	52265	57265	
150266	52266	57266	
150267	52267	57267	
150268	52268	57268	
150269	52269	57269	
150270	52270	57270	
150271	52271	57271	
150272	52272	57272	
150273	52273	57273	
150274	52274	57274	
150275	52275	57275	
150276	52276	57276	
150277	52277	57277	
150278	52278	57278	
150279	52279	57279	
150280	52280	57280	
150281	52281	57281	
150282	52282	57282	
150283	52283	57283	
150284	52284	57284	
150285	52285	57285	
151003	55202	55402	55302
151004	55203	55403	55303
154002	55201	55301	
spare-55401			
155301	52301	57301	
155302	52302	57302	
155303	52303	57303	
155304	52304	57304	
155305	52305	57305	
155306	52306	57306	
155307	52307	57307	
155308	52308	57308	
155309	52309	57309	
155310	52310	57310	
155311	52311	57311	
155312	52312	57312	

155313	52313	57313
155314	52314	57314
155315	52315	57315
155316	52316	57316
155317	52317	57317
155318	52318	57318
155319	52319	57319
155320	52320	57320
155321	52321	57321
155322	52322	57322
155323	52323	57323
155324	52324	57324
155325	52325	57325
155326	52326	57326
155327	52327	57327
155328	52328	57328
155329	52329	57329
155330	52330	57330
155331	52331	57331
155332	52332	57332
155333	52333	57333
155334	52334	57334
155335	52335	57335
155341	52341	57341
155342	52342	57342
155343	52343	57343
155344	52344	57344
155345	52345	57345
155346	52346	57346
155347	52347	57347
156401	52401	57401
156402	52402	57402
156403	52403	57403
156404	52404	57404
156405	52405	57405
156406	52406	57406
156407	52407	57407
156408	52408	57408
156409	52409	57409
156410	52410	57410
156411	52411	57411
156412	52412	57412
156413	52413	57413
156414	52414	57414
156415	52415	57415
156416	52416	57416
156417	52417	57417
156418	52418	57418
156419	52419	57419
156420	52420	57420
156421	52421	57421
156422	52422	57422
156423	52423	57423
156424	52424	57424

156425	52425	57425	156480	52480	57480
156426	52426	57426	156481	52481	57481
156427	52427	57427	156482	52482	57482
156428	52428	57428	156483	52483	57483
156429	52429	57429	156484	52484	57484
156430	52430	57430	156485	52485	57485
156431	52431	57431	156486	52486	57486
156432	52432	57432	156487	52487	57487
156433	52433	57433	156488	52488	57488
156434	52434	57434	156489	52489	57489
156435	52435	57435	156490	52490	57490
156436	52436	57436	156491	52491	57491
156437	52437	57437	156492	52492	57492
156438	52438	57438	156493	52493	57493
156439	52439	57439	156494	52494	57494
156440	52440	57440	156495	52495	57495
156441	52441	57441	156496	52496	57496
156442	52442	57442	156497	52497	57497
156443	52443	57443	156498	52498	57498
156444	52444	57444	156499	52499	57499
156445	52445	57445	156500	52500	57500
156446	52446	57446	156501	52501	57501
156447	52447	57447	156502	52502	57502
156448	52448	57448	156503	52503	57503
156449	52449	57449	156504	52504	57504
156450	52450	57450	156505	52505	57505
156451	52451	57451	156506	52506	57506
156452	52452	57452	156507	52507	57507
156453	52453	57453	156508	52508	57508
156454	52454	57454	156509	52509	57509
156455	52455	57455	156510	52510	57510
156456	52456	57456	156511	52511	57511
156457	52457	57457	156512	52512	57512
156458	52458	57458	156513	52513	57513
156459	52459	57459	156514	52514	57514
156460	52460	57460			
156461	52461	57461	158701	52701	57701
156462	52462	57462	158702	52702	57702
156463	52463	57463	158703	52703	57703
156464	52464	57464	158704	52704	57704
156465	52465	57465	158705	52705	57705
156466	52466	57466	158706	52706	57706
156467	52467	57467	158707	52707	57707
156468	52468	57468	158708	52708	57708
156469	52469	57469	158709	52709	57709
156470	52470	57470	158710	52710	57710
156471	52471	57471	158711	52711	57711
156472	52472	57472	158712	52712	57712
156473	52473	57473	158713	52713	57713
156474	52474	57474	158714	52714	57714
156475	52475	57475	158715	52715	57715
156476	52476	57476	158716	52716	57716
156477	52477	57477	158717	52717	57717
156478	52478	57478	158718	52718	57718
156479	52479	57479	158719	52719	57719

158720	52720	57720	158775	52775	57775
158721	52721	57721	158776	52776	57776
158722	52722	57722	158777	52777	57777
158723	52723	57723	158778	52778	57778
158724	52724	57724	158779	52779	57779
158725	52725	57725	158780	52780	57780
158726	52726	57726	158781	52781	57781
158727	52727	57727	158782	52782	57782
158728	52728	57728	158783	52783	57783
158729	52729	57729	158784	52784	57784
158730	52730	57730	158785	52785	57785
158731	52731	57731	158786	52786	57786
158732	52732	57732	158787	52787	57787
158733	52733	57733	158788	52788	57788
158734	52734	57734	158789	52789	57789
158735	52735	57735	158790	52790	57790
158736	52736	57736	158791	52791	57791
158737	52737	57737	158792	52792	57792
158738	52738	57738	158793	52793	57793
158739	52739	57739	158794	52794	57794
158740	52740	57740	158795	52795	57795
158741	52741	57741	158796	52796	57796
158742	52742	57742	158797	52797	57797
158743	52743	57743	158798	52798	57798
158744	52744	57744	158799	52799	57799
158745	52745	57745	158800	52800	57800
158746	52746	57746	158801	52801	57801
158747	52747	57747	158802	52802	57802
158748	52748	57748	158803	52803	57803
158749	52749	57749	158804	52804	57804
158750	52750	57750	158805	52805	57805
158751	52751	57751	158806	52806	57806
158752	52752	57752	158807	52807	57807
158753	52753	57753	158808	52808	57808
158754	52754	57754	158809	52809	57809
158755	52755	57755	158810	52810	57810
158756	52756	57756	158811	52811	57811
158757	52757	57757	158812	52812	57812
158758	52758	57758	158813	52813	57813
158759	52759	57759	158814	52814	57814
158760	52760	57760	158815	52815	57815
158761	52761	57761	158816	52816	57816
158762	52762	57762	158817	52817	57817
158763	52763	57763	158818	52818	57818
158764	52764	57764	158819	52819	57819
158765	52765	57765	158820	52820	57820
158766	52766	57766	158821	52821	57821
158767	52767	57767	158822	52822	57822
158768	52768	57768	158823	52823	57823
158769	52769	57769	158824	52824	57824
158770	52770	57770	158825	52825	57825
158771	52771	57771	158826	52826	57826
158772	52772	57772	158827	52827	57827
158773	52773	57773	158828	52828	57828
158774	52774	57774	158829	52829	57829

158830	52830	57830		158885	52885	57885	
158831	52831	57831		158886	52886	57886	
158832	52832	57832		158887	52887	57887	
158833	52833	57833		158888	52888	57888	
158834	52834	57834		158889	52889	57889	
158835	52835	57835		158890	52890	57890	
158836	52836	57836		158891	52891	57891	
158837	52837	57837		158892	52892	57892	
158838	52838	57838		158893	52893	57893	
158839	52839	57839		158894	52894	57894	
158840	52840	57840		158895	52895	57895	
158841	52841	57841		158896	52896	57896	
158842	52842	57842		158897	52897	57897	
158843	52843	57843		158898	52898	57898	
158844	52844	57844		158899	52899	57899	
158845	52845	57845		158900	52900	57900	
158846	52846	57846		158901	52901	57901	
158847	52847	57847		158902	52902	57902	
158848	52848	57848		158903	52903	57903	
158849	52849	57849		158904	52904	57904	
158850	52850	57850					
158851	52851	57851		165001	58801	58834	
158852	52852	57852		165002	58802	58835	
158853	52853	57853		165003	58803	58836	
158854	52854	57854		165004	58804	58837	
158855	52855	57855		165005	58805	58838	
158856	52856	57856		165006	58806	58839	
158857	52857	57857		165007	58807	58840	
158858	52858	57858		165008	58808	58841	
158859	52859	57859		165009	58809	58842	
158860	52860	57860		165010	58810	58843	
158861	52861	57861		165011	58811	58844	
158862	52862	57862		165012	58812	58845	
158863	52863	57863		165013	58813	58846	
158864	52864	57864		165014	58814	58847	
158865	52865	57865		165015	58815	58848	
158866	52866	57866		165016	58816	58849	
158867	52867	57867		165017	58817	58850	
158868	52868	57868		165018	58818	58851	
158869	52869	57869		165019	58819	58852	
158870	52870	57870		165020	58820	58853	
158871	52871	57871		165021	58821	58854	
158872	52872	57872		165022	58822	58855	
158873	52873	57873		165023	58823	55404	58856
158874	52874	57874		165024	58824	55405	58857
158875	52875	57875		165025	58825	55406	58858
158876	52876	57876		165026	58826	55407	58859
158877	52877	57877		165027	58827	55408	58860
158878	52878	57878		165028	58828	55409	58861
158879	52879	57879		165029	58829	55410	58862
158880	52880	57880		165030	58830	55411	58863
158881	52881	57881		165031	58831	55412	58864
158882	52882	57882		165032	58832	55413	58865
158883	52883	57883		165033	58833	55414	58866
158884	52884	57884					

Oxford Publishing Company
Complet List of Current Titles

▶	Aylesbury Railway, The	**T438**	12.95
	Banbury and Cheltenham Railway, The	**T845**	9.95
	Barry Locomotive Phenomenon, The	**T410**	14.95
	Big Four Cameraman	**T363**	18.95
	Big Four Remembered	**T463**	19.95
★	Black Clouds and White Feathers	**T457**	12.95
	BR Wagons Vol. 1	**T203**	18.95
	Bridges for Modellers	**T226**	12.95
	Brill Tramway	**T218**	11.95
▶	Britain's Railways by Night	**T431**	12.95
	British Marshalling Yards	**T367**	19.95
★	British Rail Diesel & Electric Loco Numbers	**T486**	12.95†
▶	British Rail Engineering Limited	**T440**	14.95
	British Rail in Camera	**T368**	12.95
	British Rail Main Line Diesel Locomotives	**T318**	19.95
	British Rail Operations in the 1980s	**T248**	9.95
▶	British Rail Spotters Companion 13th Edition	**T476**	1.95
▶	BR Spotters Companion 13th Edition (pack of 20)	**T500**	39.00
★	British Railways' Locomotives 1948	**T466**	15.95
	BR Maps & Gazetteer Revised Ed. (1825-1985)	**T294**	12.95
	BR Standard Steam Locomotives	**T158**	12.95
	Buchan Line (PB)	**T179**	4.95
	Cambrian Companionship	**T344**	12.95
	Capital Steam	**T412**	14.95
	Chester to Holyhead Railway	**T216**	14.95
	Class 52s: A Tribute to the Westerns	**T424**	14.95
	Class 58 Life & Times Series	**T422**	12.95
	Cleobury Mortimer & Ditton Priors Railway	**T053**	9.95
	Cowbridge Railway	**T284**	9.95
	Crewe Works	**T395**	12.95
	Didcot, Newbury & Southampton Railway	**T149**	12.95

Diesel Shunter	**T108**	12.95
Diesel Traction, 35 Years of Main Line	**T171**	9.95
Diesels & Electrics on Shed Vol. 5 Southern	**T044**	9.95
Diesels and Semaphores	**T345**	9.95
★ Diesels in North & Mid Wales	**T427**	10.95
Diesels in South Wales	**T295**	9.95
▶ Diesels in the Capital	**T418**	12.95
Diesels in the East Midlands	**T302**	9.95
Diesels in the North East	**T262**	8.95
Diesels in the North West	**T350**	9.95
Diesels in the West Midlands	**T357**	10.95
Diesels in the White Rose County	**T417**	11.95
Diesels Nationwide Vol. 2	**T068**	8.95
Diesels Nationwide Vol. 3	**T113**	8.95
Diesels Nationwide Vol. 4	**T114**	8.95
Diesels on the Regions - Eastern	**T230**	9.95
Diesels on the Regions - London Midland	**T250**	9.95
Diesels on the Regions - Scottish	**T253**	9.95
Diesels on the Regions - Southern	**T243**	10.95
Diesels on the Regions - Western	**T221**	9.95
Diesels Over the Settle & Carlisle	**T119**	9.95
East Anglian Steam, 55 Years of	**T182**	9.95
Electric Traction, 100 Years of	**T325**	14.95
Engines Good and Bad (PB)	**T326**	4.95
★ Express Steam Locomotive Development	**T469**	12.95
Forest of Dean Railways	**T167**	11.95
Gleneagles to Glastonbury	**T351**	9.95
Glyn Valley Tramway	**T286**	9.95
Great Central, Echoes of the	**T411**	14.95
Great Western A.E.C. Diesel Railcars	**T139**	19.95
Great Western Absorbed Engines	**T874**	17.95
Great Western Coaches Appendix Vol. 1	**T084**	18.95
Great Western Coaches Appendix Vol. 2	**T154**	17.95
Great Western Engine Sheds 1837-1947	**T019**	14.95
Great Western Engines Vol. 1	**T398**	17.95

Title	Code	Price
Great Western Engines Vol. 2	**T399**	17.95
Great Western Reflections (PB)	**T332**	4.95
Great Western Remembered	**T204**	9.95
Great Western Stations Vol. 2	**T015**	15.95
Great Western Steam Album	**T386**	12.95
Great Western, Around the Branch Lines No.2	**T213**	9.95
GWR Freight Wagons & Loads	**T155**	14.95
GWR Sheds in Camera	**T385**	12.95
Highland Locomotives	**T048**	9.95
Highland Miscellany	**T309**	10.95
Hobson's Choice	**T370**	8.95
Isle of Wight Railways Remembered	**T212**	9.95
John Ashman FRPS Rail Portfolio	**T416**	12.95
Kenning Collection	**T813**	3.95
Lancs & Yorks Railway Miscellany	**T188**	10.95
Lines to Torrington	**T145**	14.95
LMS Architecture	**T083**	18.95
LMS in the West Midlands	**T259**	9.95
LMS Locomotives Vol. 1 General Review	**T087**	19.95
LMS Locomotives Vol. 2 Western & Central	**T264**	19.95
LMS Locomotives Vol. 3 Northern	**T266**	19.95
LMS Miscellany Vol. 2	**T290**	10.95
LMS Miscellany Vol. 3	**T383**	12.95
LMS Road Vehicles	**T174**	12.95
LMS Sheds in Camera	**T274**	9.95
LMS Stations Vol. 2	**T330**	17.95
LMS Wagons Vol. 2	**T255**	12.95
LMS, Treacy's	**T381**	15.95
LNER Constituent Signalling	**T146**	12.95
LNER Sheds in Camera	**T324**	14.95
LNER Wagons	**T892**	12.95
LNWR Engines	**T209**	19.95
LNWR Miscellany Vol. 2	**T070**	9.95
LNWR Recalled	**T392**	16.95
LNWR Signalling	**T147**	12.95

Locos, Men and Steam Memories	**T316**	7.95
Manchester Ship Canal Railways	**T288**	15.95
★ Midland & Great Northern Locomotives	**T434**	15.95[†]
Midland Carriages	**T291**	14.95
Midland in Gloucestershire	**T301**	14.95
Midland Railway Architecture	**T320**	10.95
Midland Wagons Vol. 1	**T040**	11.95
N.E.R. Locomotives	**T323**	19.95
North Eastern Branch Line Termini	**T219**	14.95
North Eastern Branch Lines	**T189**	9.95
North Wales Steam Vol. 1	**T074**	10.95
North Wales Steam Vol. 2	**T305**	12.95
Northern Steam Remembered	**T387**	10.95
Nostalgic Days (PB)	**T079**	2.95
Once Upon a Line Vol. 1 (Isle of Wight)	**T277**	10.95
Once Upon a Line Vol. 2 (Isle of Wight)	**T280**	10.95
★ Once Upon a Line Vol. 3 (Isle of Wight)	**T483**	12.95
Oxford to Cambridge Railway Vol. 1	**T120**	9.95
Oxford to Cambridge Railway Vol. 2	**T121**	9.95
Portishead Branch (PB)	**T190**	4.95
Power of the A1s, A2s and A3s	**T133**	9.95
Power of the A4s	**T032**	11.95
Power of the 31s	**T064**	9.95
Power of the 33s	**T157**	9.95
Power of the 40s	**T033**	9.95
Power of the 56s	**T150**	9.95
Power of the B17s & B2s	**T396**	11.95
Power of the Black Fives	**T238**	14.95
Power of the BR Standard Pacifics	**T067**	9.95
Power of the Bulleid Pacifics	**T082**	9.95
Power of the Deltics	**T897**	9.95
Power of the HSTs	**T186**	9.95
Power of the AC Electrics	**T246**	12.95
Pre-Grouping Trains on BR-LMS Companies	**T394**	11.95
Pre-Grouping Trains on BR-LNER Companies	**T315**	9.95

Pre-Grouping in the West Midlands	**T328**	9.95
▶ Preserved Steam on the Main Line, 50 Years of	**T432**	15.95
Private Owner Wagons (Glos. C & W Co.)	**T124**	12.95
Profile of the A4s	**T354**	7.95
Profile of the Class 20s	**T244**	6.95
Profile of the 24s and 25s	**T135**	8.95
Profile of the 40s	**T144**	6.95
Profile of the 47s	**T240**	8.95
Profile of the 50s	**T233**	6.95
Profile of the 76s and 77s	**T156**	6.95
Profile of the Duchesses	**T176**	8.95
Profile of the Peaks	**T165**	6.95
Profile of the Southern Moguls	**T314**	8.95
Profile of the Warships	**T279**	6.95
Profile of the Westerns	**T116**	8.95
★ Rail Atlas of Great Britain & Ireland 6th Ed.	**T474**	9.95
Rail Freight Today	**T439**	12.95
Railway Elegance (Western Region Diesels in Colour)	**T349**	12.95
Railway Research, 25 years of	**T441**	12.95
Scottish Branch Lines 1955-1965	**T005**	9.95
Settle & Carlisle Rly Stations & Structures	**T360**	15.95
Signal Box (A Pictorial History)	**T224**	19.95
Signalling Days (PB)	**T118**	3.95
Somerset & Dorset from the Footplate	**T403**	11.95
Somerset & Dorset Railway Track Layouts	**T003**	14.95
Somerset and Dorset (English Cross Country Railway)	**T833**	12.95
Somewhere Along the Line	**T880**	14.95
South Wales, Steam in Vol. 2	**T152**	9.95
South Wales, Steam in Vol. 3	**T169**	9.95
South Wales, Steam in Vol. 4	**T285**	9.95
Southern in Hampshire & Dorset	**T289**	9.95
Southern in Kent & Sussex	**T273**	9.95
Southern in Surrey & Berkshire	**T426**	10.95
Southern Mainline Cameraman	**T365**	12.95
Southern Metals, On	**T215**	9.95

Southern Sheds in Camera	**T415**	14.95
Southern Wagons Vol. 1	**T207**	12.95
Southern Wagons Vol. 2	**T220**	12.95
Southern, A Footplateman Remembers the (PB)	**T340**	4.95
Southern, Around the Branch Lines No. 1	**T159**	9.95
Southern Cross Country Routes	**T267**	9.95
Stratford Shed, Steam on - 30A	**T454**	9.95
Sunset of British Steam	**T163**	9.95
Swindon Works Apprentice in Steam	**T380**	10.95
Taff Vale Railway Miscellany	**T414**	12.95
Teign Valley Line (PB)	**T194**	5.95
Thaxted Branch (PB)	**T184**	4.95
Thro' the Lens (GWR Official Photographs)	**T312**	8.95
Thro' the Lens (PB)	**T356**	4.95
★ Through Countryside and Coalfield	**T428**	24.95
Through Limestone Hills	**T217**	19.95
Tollesbury Branch	**T327**	10.95
Trans-Pennine Rail Routes	**T307**	14.95
Tribute to the Western	**T362**	9.95
Twilight of Scottish Steam	**T391**	10.95
Twixt London and Bristol	**T364**	9.95
Visions of Steam (Industrial Steam)	**T031**	9.95
West Country China Clay Trains	**T299**	12.95
West Highland Mallaig Extension	**T429**	12.95
Weymouth Harbour Tramway	**T304**	12.95
Yesterday's Railwayman (PB)	**T331**	4.95
Search for the Lost Railway Engine	**F674**	6.95

(PB) = Paperback
★ = Forthcoming Title
▶ = New Title   ▷ = Re-issued Title
† = Provisional Price

Railway MAGAZINE

For a regular update of information
in your
BRITISH RAIL SPOTTER'S COMPANION
you can now turn to
RAILWAY MAGAZINE
Railway Magazine will regularly
publish the latest changes in names, numbers
and depot allocations of BR's Diesel
and Electric Locomotives, DMUs, EMUs and
High Speed Trains based on information
collected and checked by the
National Railway Enthusiasts' Association.

Railway Magazine is available from
newsagents and bookstalls.

NATIONAL RAILWAY ENTHUSIASTS ASSOCIATION

CATERS FULLY FOR THE ACTIVE ENTHUSIAST

FACILITIES

WEEKLY TOURS TO BRITISH RAIL INSTALLATIONS with regular pick-up points including Birmingham, Bromsgrove, Worcester, Stafford, Derby, London, Manchester and Gloucester.

WEEKLY VISITS TO BRITISH RAIL WORKS.

QUARTERLY MAGAZINE, printed and illustrated, giving full details of NREA's forthcoming events, sales and publicatons, reallocations and many topical items.

HOW TO JOIN

The Mailing List fee is just £2.00 to cover your subscription to December 1990. For £2.00 you will receive the quarterly magazine and access to all our excellent facilities. Send your subscription to the address below.

Full details of the above (SAE please) from:
Mr. J.A. Byrne, 32 Meadow Close, Kempsey, Worcester WR5 3NL
Tel: Worcester (0905) 821228

SALES & PUBLICATIONS

BACK ISSUES OF "SPOTTERS COMPANION" compiled by NREA. We have available a limited number of 3rd Edition at 60p, 5th Edition at 70p, 6th Edition at 70p, 7th Edition at 80p, 8th Edition at 80p, 9th, 10th and 11th Editions at £1.50, and 12th Edition at £1.95. Please add 30p for post and packing.

NREA DOUBLE PLASTIC JACKETS FOR YOUR 1990 13th EDITION OF SPOTTER'S COMPANION in black, blue and green with Class 56 on the front. This Double hard-wearing PVC Jacket has a double centre plastic folder which will enable two "Spotters Companions" or similar pocket-size publications to be kept inside, or the second folder can be used for a notebook. They are priced at 60p plus 30p post and packing.

NREA SINGLE PLASTIC JACKETS in black, red, blue and green with Class 56 on front; they fit the 12th edition of "Spotter's Companion". 40p plus 30p post and packing.

BADGES. Diesel and Electric. Classes 03, 08, 20, 24, 31, 33, 35 "Hymek" in green and blue, 40, 45, 47, 50, maroon and green "Western", 55, 56, 76, 86, H.S.T., and A.P.T. BR emblem in red and blue. All badges are 50p each. Key rings of Class 56, "Western" and "H.S.T." badges are available at 55p each. Leather Key Fobs of Classes 03, 50 and 56 at 90p each. Please add 30p for post and packing with each order.

Over 100 vinyl shed stickers available at 15p each, or £1.35 for 10. Write for details.

The above are available direct from:
NREA Sales, 32 Meadow Close, Kempsey,
WORCESTER WR5 3NL Tel: Worcester (0905) 821228

Key to Depots

AB	Aberdeen	**KY**	Knottingley	
AF	Ashford Chart Leacon			**O/L** On Loan
AN	Allerton	**LA**	Laira (Plymouth)	**s** Stored
AY	Ayr	**LE**	Landore (Swansea)	**W** Withdrawn from operating stock
		LG	Longsight Electric Depot (Manchester)	**u** Stored unserviceable
BD	Birkenhead North	**LO**	Longsight Diesel Depot (Manchester)	
BI	Brighton	**LR**	Leicester	
BL	Blyth (Cambois)			
BM	Bournemouth	**MG**	Margam (Port Talbot)	
BN	Bounds Green (HST)	**ML**	Motherwell	
BQ	Bury	**MR**	March	
BR	Bristol Bath Road			
BS	Bescot	**NC**	Norwich Crown Point	
BX	Buxton	**NH**	Newton Heath (Manchester)	
BY	Bletchley	**NL**	Neville Hill (Leeds)	
BZ	St Blazey (Par)			
		OC	Old Oak Common	
CA	Cambridge	**OO**	Old Oak (HST)	
CC	Clacton			
CD	Crewe Diesel Depot	**PH**	Perth	
CE	Crewe Electric Depot	**PM**	St Philips Marsh (HST Bristol)	
CF	Cardiff Canton	**PZ**	Penzance	
CH	Chester			
CK	Corkerhill	**RE**	Ramsgate	
CL	Carlisle Upperby	**RG**	Reading	
CR	Colchester	**RTC**	Research Technical Centre Derby	
		RY	Ryde (IoW)	
DL	Doncaster Major Depot			
DR	Doncaster	**SH**	Strawberry Hill	
DY	Derby Etches Park	**SF**	Stratford	
		SG	Slade Green	
EC	Edinburgh Craigentinny	**SL**	Stewarts Lane	
ED	Eastfield (Glasgow)	**SP**	Wigan Springs Branch	
EH	Eastleigh	**SR**	Stratford Major Depot	
EM	East Ham	**SU**	Selhurst	
		SW	Swindon	
FH	Frodingham (Scunthorpe)			
FR	Fratton	**TE**	Thornaby (Tees)	
FYM	Foster Yeoman Merehead	**TI**	Tinsley (Sheffield)	
		TO	Toton	
GD	Gateshead	**TS**	Tyseley	
GI	Gillingham			
GL	Gloucester	**WC**	Waterloo & City Line	
GW	Glasgow Shields Road	**WD**	Wimbledon East	
		WN	Willesden	
HA	Haymarket			
HE	Hornsey	**YK**	York	
HO	Holbeck (Leeds)			
HQ	BRB Headquarters (Traction on acceptance)	**ZC**	Crewe Works	
		ZE	Derby Works	
HR	Hall Road	**ZG**	Eastleigh Major Depot	
HT	Heaton	**ZH**	Springburn Major Depot	
		ZN	Wolverton Major Depot	
IL	Ilford			
IM	Immingham			
IS	Inverness